U0451396

汉译世界学术名著丛书

句法结构

（第2版）

〔美〕诺姆·乔姆斯基 著

陈满华 译

冯志伟 审

商务印书馆
The Commercial Press

Noam Chomsky
SYNTACTIC STRUCTURES
Walter de Gruyter GmbH

本书根据德古意特出版社 2002 年英文版译出

© Walter de Gruyter GmbH Berlin Boston. All rights reserved.

This work may not be translated or copied in whole or part without the written permission of the publisher (Walter De Gruyter GmbH, Genthiner Straße 13, 10785 Berlin, Germany).

汉译世界学术名著丛书
出 版 说 明

我馆历来重视移译世界各国学术名著。从20世纪50年代起,更致力于翻译出版马克思主义诞生以前的古典学术著作,同时适当介绍当代具有定评的各派代表作品。我们确信只有用人类创造的全部知识财富来丰富自己的头脑,才能够建成现代化的社会主义社会。这些书籍所蕴藏的思想财富和学术价值,为学人所熟悉,毋需赘述。这些译本过去以单行本印行,难见系统,汇编为丛书,才能相得益彰,蔚为大观,既便于研读查考,又利于文化积累。为此,我们从1981年着手分辑刊行,至2022年已先后分二十辑印行名著900种。现继续编印第二十一辑,到2023年出版至950种。今后在积累单本著作的基础上仍将陆续以名著版印行。希望海内外读书界、著译界给我们批评、建议,帮助我们把这套丛书出得更好。

商务印书馆编辑部
2022年10月

中 文 版 序

语言研究有悠久的传统，它可以追溯到伟大的古代文明社会。对《句法结构》（1957）的背景做一些说明，可能会有助于理解这部专著及其在语言研究中所处的地位。

《句法结构》本来不是为出版而作。它曾是我当年在麻省理工学院讲授的一门本科生课程的讲义，后来编辑整理成书稿。当时摩顿出版公司（荷兰）正在策划一套学术丛书，有一位编辑建议我以此讲义投稿，我就提交了。

书中材料主要来自那时尚未出版的书稿《语言理论的逻辑结构》[①]，后者的内容要广泛得多。这两本书都是所谓的"生成学派事业"早期的研究成果。这一事业在当时几乎没有存在感，而且人们并非普遍认为其属于语言学领域的一部分。我开的课在麻省理工学院是最早的此类课程，在任何地方也都可以说是最早的。上述情况出现在麻省理工学院并非偶然：这是一所理工科大学，当时几乎没有人文和社会科学课程。直到多年以后，美国的主要大学才认可了该事业。美国树立了一个样板，后来世界各地也都纷

[①] 20年后，1956年那一稿的修订版大部分内容都出版了（Plenum, Chicago, 1975）。

纷效仿。

《句法结构》的框架反映了这样的氛围。本书最初写出的几个部分，也就是开头几堂课的内容，讨论的话题包括自动机理论与语言范畴、应用于语言研究的马尔可夫过程与统计近似值的不充分性等，麻省理工学院自然科学、工程学及数学专业的学生对这些话题感兴趣，但那时人们却并不认为这些内容属于语言学。《语言理论的逻辑结构》一书省去了这些话题，而人们曾预期该书会对生成学派事业——语言学的一个新领域——做出潜在贡献。

《句法结构》于1957年刊行，随之而来的是一篇批评行为主义语言观的文章，当时那些观念在美国语言学界和相关领域，尤其是在语言哲学领域，占据主导地位。[①] 相辅相成的两个文献[②] 在基本方法上都有创获，就是运用这些方法，生成学派事业正在跟当时流行的关于语言与心智的观念分道扬镳。

结构语言学把自己界定为"分类科学"，其基础是可以应用于任何语言数据的一套分析程序。[③] 当时人们认为，语言间的差异实际上可能是无限度的，因而分析程序之外的那些理论手段几无立足之地。那些程序的应用导致了对所分析的语言进行全面描写，形成了一个总汇清单，内含语言各成分及其在各个语言层级上的

[①] Chomsky, N. (1959). Review of B. F. Skinner's *Verbal Behavior*. *Language* 35.1. 索绪尔的结构主义并未出现这些问题，它把语言（langue）视为一种社会契约，而不是个体心理的一部分，不是一个生物体。

[②] 这两个文献指《句法结构》和乔姆斯基对斯金纳的《言语行为》的书评，据乔姆斯基2022年1月29日写给译者的邮件，二者都是1957年投稿的。——译者

[③] 所论范围最广最复杂的版本是哈里斯的《结构语言学方法》(1951)，此书实际上曾是唯一一部深入到形态学之外的研究（结构主义）程序的著作。

分布情况，从语音学到形态学，再到更高一些的层级，而关于后者，甚少论及。

关于语言的更为一般的性质，那时通行的做法是用行为主义的表述方式进行描写。对著名语言学家莱纳德·布龙菲尔德而言，"语言是一个训练与习惯的问题"①，但凡考虑这个问题，人们就会普遍采用这一立场。对最负盛名的语言哲学家蒯因来说，语言是"当下各种言语行为倾向的复合体，在这一复合体中，操同一语言的人必然趋于彼此相似"②。这一复合体概念是依据斯金纳的操作性条件刺激③理论创建的，他做过详细阐发。由训练或条件刺激反复磨炼而形成习惯，习惯以外的任何语言运用都会诉诸"类推"，而"类推"这个概念则未加析解。

关于语言性质以及语言习得与使用，生成学派事业所采取的立场颇为不同。

生成语法是一种语言的解释理论，它是在大脑内部编码的。其理论必须有两个层次：（1）特定语言的理论，即该语言的生成语法；（2）语言机能理论，涵盖所有语法，提供习得语言的基础。理论（2）后来被称为"普遍语法"，这是将传统术语应用于新的理论框架。《句法结构》和作为其基础的研究工作是早期为发展这些

---

① Bloomfield, L (1935). *Language.* London: George Allen & Unwin. p. 34.

② Quine, W. V. O. (2013). *Word and Object*, new edition. Cambridge, MA: MIT Press. p. 24.

③ 即"操作性条件反射"，是美国心理学家斯金纳（B. F. Skinner, 1904—1990）创立的一种条件反射理论，与巴甫洛夫经典条件反射理论对应。该学说是斯金纳新行为主义学习理论的核心，对美国结构主义的语言习得观产生了较大影响。——译者

理论所做出的尝试。

普遍语法具有真正的物种属性,这方面的证据很充分:它是人类所共有的,不能在其他物种那里进行有意义的类比。与任何解释理论的情况一样,普遍语法必须区分可能的语言与不可能的语言,后者即人类不能以正常方式获得的那些语言(即便有之)。[①] 随着该事业[②]的进展和理论的提升,这种关键性区别变得清晰多了。正如生物学中的一般情况那样,人们发现可能的语言远非自由地变异,它们形成了高度受限的类群。到如今,我们有理由相信各种语言基本上由一个模子铸就,只是其边缘部分有些差异。

最早着力构建语言解释理论(生成语法)的工作刚刚启动,情况就变得十分明朗:分析程序不会比在其他任何科学领域更有可能发现解释理论中所运用的概念和原则。此外,对幼儿所获知识的研究很快就表明:在内部语法和可以获得的语料之间还隔着一片很大的空白地带——这就是"刺激贫乏"的问题。在填补这一空白地带和确定已获得的语法方面,训练和条件刺激即使起作用,也是微乎其微。关于语言的正常使用,亦即数百年前人们已有深刻了解的一些问题,"类推"不能提供精辟的解读。

在继续探索的过程中,人们很快就意识到,结构主义或行为主义的学说严重背离了悠久而丰富的传统,而生成学派事业则在不经意地延续这一传统。其中包括发现了"普遍唯理语法":"普遍",是指力图涵盖所有语言(那时候所知者甚少);"唯理",是

[①] Moro, A. (2016). *Impossible Languages*. Cambridge, MA: MIT press.
[②] 指"生成学派事业"。——译者

指寻求解释，而非仅做描写。

这一丰富而有成效的传统随着17世纪伟大科学革命的爆发而发展起来，直到20世纪被结构主义或行为主义的潮流所涤荡，之后就被彻底遗忘了。这些新思潮成就斐然，其一是费尔迪南·德·索绪尔很清楚地区分了共时语言学与历史语言学，其二就是音位原则，而更具普遍意义的是，分析工具在相当程度上得到了磨砺和提升。在一个密切相关的领域，人类语言学大大扩展了需要精细分析的语言的范围。然而，至少在我看来，因抛却传统而丢失的东西也很多。

生成学派事业让传统重新焕发了活力，这并无先例。传统能够以新的方式赓续，得益于计算理论的启发，该理论是20世纪伟大的数学家库尔特·哥德尔、艾伦·图灵、埃米尔·波斯特等创立的。这些发现为发展真正的生成语法提供了全新的工具，从而有可能解决以往某些遗留未解的基本问题。

生成学派事业自其早期以来已壮大许多，如今在世界范围内蒸蒸日上。语言调查的范围也出现了巨大的爆发式扩展，所调查的语言具有类型学意义上的多样性，表现出相当大的差异，在广度上和深度上都远超过去的任何研究。这些进步与邻近学科富有成效的研究相结合，并在一定程度上刺激了那些研究。当今学者们所研究的问题，甚至在前些年都是无法想象的。

从最早的时候就引起人们探究的难题，也有了解决的希望，这是前所未有的。

对语言习得进行实验研究，对儿童可获得的语料进行统计研究，这些工作都表明，刺激贫乏的问题远比人们在生成学派事业早期所想象的要严重得多，那时候这个问题就已经令人深感困惑。这似乎可以表明，普遍语法这个关于先天语言机能的理论，必须有异常丰富的内涵。

与此同时，考古研究和基因组研究强烈表明，语言机能是在一个狭窄的进化窗口出现的，显然是在二三十万年前随着智人的出现而形成的，且迄今没有变化。在进化的长河中，这只是一眨眼的工夫。那么，照此看来，普遍语法必须是相当简单、相当受限的。

无须依赖其他条件，普遍语法必须允准所有可能的语言，而排除所有不可能的语言。

这些条件似乎存在尖锐的冲突。

要解决这一难题，可以简化普遍语法并同时扩展其范围和解释的深度，这方面的努力主导了生成学派事业的许多理论工作。近年来，这一事业的推进取得了重大进展。进步是巨大的，因此，我们可以设想，古老而丰富的语言研究或许正迈入一个新时代，在这个新时代，普遍语法的根本属性将得到真正的解释。这样的设想正在成为现实。真正的解释一定不能有隐晦的假定，一定要以这样的原则为基础：这些原则是很基本的，是在有限的语言演化条件下逐渐形成的；但又是很有效的，当它们与计算效率的一般原则结合时，能对语言的根本属性提供深度解释，而计算效率的一般原则可以被视为自然法则的一部分。这种真正的解释将从范围上严格限制可能的语言，却依然能接纳其多样性。①

---

① 对在研工作的评论，见 Chomsky, N. (2022). Minimalism: where are we now, and where can we hope to go. *Gengo Kenkyu* (Journal of the Linguistic Society of Japan), 160.

到现在，语言的某些核心属性第一次得到了真正的解释，其他属性也即将得到同样理想的处理。未来的日子应该是激动人心的，充满着惊奇、新挑战和意想不到的发现。

若干年前，普林斯顿高等研究所的著名物理学家约翰·惠勒推测，（人类在）理解方面的演进或许有一天会达到这样的程度：物理学家们将看到，"这一切背后肯定是一个如此简单、如此美好的理念，一旦抓住了这一理念——那将是十年以后，一个世纪以后，抑或千年以后——我们都将彼此感慨：不是这样，又会是怎样呢？"[①]

这才是科学的真正目标。在语言研究方面，至少我们可以破天荒地展望这一天了，它就在地平线上，虽然还比较朦胧。

诺姆·乔姆斯基
2022 年 1 月 11 日

[①] Wheeler, John Archibald (1986). How come the quantum? *Annals of the New York Academy of Science* 480: 304—316.

译 者 前 言

诺姆·乔姆斯基（Noam Chomsky）是当代最著名的语言学家，也是卓有声望的思想家、哲学家、时事评论家和社会活动家。1928年，乔姆斯基出生于美国宾州费城的一个中产阶级家庭，父亲是一位出色的希伯来语专家，因此他早年受到过传统语言学的熏陶。在宾夕法尼亚大学求学期间，他先攻读数学、哲学，后改学语言学，接受了结构主义语言学的严格训练。1951年，他在宾大以《现代希伯来语语素音位学》获得硕士学位，1951年至1955年，在哈佛大学的研究员协会开始学术研究，1955年以《转换分析》从宾大获得博士学位。同一年他加盟麻省理工学院，在此从事教学和研究长达60多个春秋。①

作为一名学者，乔氏的影响是巨大的。据艺术和人文引文索引（AHCI）对1980年到1992年引文情况的统计，在整个艺术和人文领域，乔氏著作的被引频次之多超过了任何在世其他学者的著作，且在有史以来该领域的所有著作中排名第八，他位于弗洛伊德之后、黑格尔之前，难怪麻省理工官方（MIT News

---

① 2017年，年近90岁的乔姆斯基离开麻省理工学院，入职亚利桑那大学语言学系。

Office 1992）将其誉为当代世界人文、艺术学者中的"引文冠军"（Citation Champ）。这些影响无疑包括其主要思想成果转换生成语法对当代人类思想界、学术界产生的震撼和冲击，在相当程度上也是因为其政治观点等，包括对世界局势的深刻、犀利而又极富个性的分析和研判，甚至包括长期以来对美国政府内外政策的直率批评。①然而，就其学术著述而言，影响至为深远的成果仍是以《句法结构》为正式起点的转换生成语法，这本只有116页的小开本书引发了学术史上的"乔姆斯基革命"。在本版导读中，莱特福特第一句话便说乔氏这部书是引发认知科学雪崩的第一个雪球（Lightfoot 2002：v），这一比喻意味深长。如今，《句法结构》不但在语言学界是必读著作，而且在认知科学、计算机科学、哲学、语言习得研究等领域也是经典之一。据权威统计，此书在一百部引用率最高的认知科学著作里排名第一（web. mnstate.edu.2015）。这是很发人深思的。

一 《句法结构》管窥

对乔姆斯基的《句法结构》乃至整个转换生成理论，人们已有很多研究、讨论，我无意于也难以对这部经典进行系统释解和评说。在这里我只选取自己在学习（包括这次翻译时重读）过程中感受较深的几点谈谈。

---

① 由于长期激烈反战，乔姆斯基曾经被尼克松总统列入"敌人名单"，他还多次被拘捕。（Sperlich 2006: 80）

1. 关于本书的目标

在"乔姆斯基革命"以前，以布龙菲尔德（L. Bloomfield）为代表的美国结构主义（描写主义）已流行20多年，他们在语言观方面采取经验主义和行为主义立场，在语言结构分析上采用分布和替换等注重语言外在形式的操作法。1950年代，结构主义达到巅峰，乔姆斯基却发现这种行为主义语言观难以解释人类的语言生成能力，而运用分布和替换等原则也有很大局限性，即使其业师哈里斯（Z. Harris）擅长的转换分析也因为只在语言的表层进行，无法解决同音/同形异构、某些情况下转换无法进行下去等问题，于是年轻的乔姆斯基另辟蹊径，在语言观上采取心智主义立场，在语言结构研究方面立志创造一部高度抽象的转换生成语法（TG），进而追求普遍语法（UG）。何谓"UG"？"人类精神里固有的语言特质构成了'普遍语法'，它包括的不是特定的规则，也不是特定的语言，而是可以应用于所有语言的一套普遍性原则"（Cook 1985）。当然，在《句法结构》里这一大思路和总目标还只是隐约可见，到了1960年代的《句法理论的若干问题》里就明确地提出了（Chomsky 1965: 3—60）。

乔姆斯基要实现这个终极目标的手段也很明确，那就是前所未有地形式化（Chomsky 1957: 5）。我们面前的这本书在这方面确实做得毫不含糊，数学的思维模式和操作方式在这里得到了充分体现。这一点在下文中还会从另一个角度提到。

2. 形式与意义

传统语法对语言的描写在相当程度上依赖意义，像《纳氏文法》里的"... a noun is a naming word"这类表述就是从意义角度定义词类（parts of speech）的（Nesfield 1930: 6）；结构主义和早期生成语法却都是重形式而轻意义。早在《句法结构》时期，乔姆斯基显然已试图撇开语义构建语法体系。关于如何界定某些语法概念（如"语素""短语"等），他强调要依据这些单位的"物理特征和分布特征""形式特征"等等，而不考虑意义（Chomsky 2002: 54）。他说，虽然第8章谈到了句法研究可能传递出的语义信息，但是他并不支持语法是建立在意义基础上的观点，事实上他所搭建的"理论框架完全是形式的、非语义的"（Chomsky 2002: 93）。乔姆斯基重形式轻意义的主张在处理被动转换时表现得尤为明显。他说，在运用规则（34）将主动句转换为被动句时，将名词短语进行"对调的方式是由结构因素决定的"（Chomsky 2002: 43），即考虑这一问题的决定性因素是结构（形式）而非内容（意义），换句话说，只要结构上合语法、可接受，即使语义上存在问题也是可以转换的。但是抛弃语义导致这一规则的生成力太强，譬如"John married Susan"这句话，按规则（34）转化成被动句后，结构上没有任何问题，但语义上就出问题了，John变成了为Susan主婚的牧师！至于"John resembles his father"，更是没有被动式。乔姆斯基说那句话的时候恐怕还没想到这样的问题，或者他想到了，但是因为他坚持不要ad hoc（特设）语法，而要general（通用）语法，所以并不考虑解决。这一点为众多学者所诟病，到了《句法理论的若干问题》里，他不得不想办法解决了，于是也开始在一定程度上将意义纳入他的体系。

生成语法与结构主义虽有"重形式"的共同点，但二者有别：后者只是从语言本身的结构形式（与意义相对）出发，而前者除了在一定意义上也是从语言的结构形式出发，还采用高度形式化（formalized）的分析手段，尤其是其公式化表述更是后者所不及的。

3. 乔氏的《句法结构》等著作与语言习得研究

《句法结构》本身并未直接讨论语言习得问题，但是自 1960 年代以来，语言教学（包括二语教学）界对肇始于《句法结构》的生成语法及其理论基础给予了高度重视，并实际运用和发挥了 UG 理论。在普遍语法框架内，乔姆斯基（Chomsky 1965: 27—30）又区分了实质共性（substantive universal）和形式共性（formal universal），生成语法主要致力于揭示后者，而后者对于探索语言习得特别是二语习得的奥妙和规律更有启示作用。

其实，《句法结构》已有普遍语法的萌芽。该书"引言"称，语言学家所"研究的最终成果应该是这样一个语言结构理论：在该理论中，用于特定语法体系的描写装置是以抽象的方式呈现并加以研究的，并非专门针对具体语言。该理论的一个功能是，基于每种语言的句库，提出一套用于为该语言选择语法的普遍方法"。《句法结构》发表以后，乔姆斯基开始直接探讨语言习得问题。他批评斯金纳（B. Skinner）的言语行为理论，认为斯金纳通过动物实验证实其理论，这不适合人类语言的学习，由此否定了刺激-反应模式，他的语言能力理论颠覆了此前的行为主义习得观（Chomsky 1959）。

乔姆斯基还提出了语言习得装置（LAD）理论（Chomsky 1965: 47; 1966），该理论是关于第一语言习得的，但也适用于二语习得。他（Chomsky 1965）认为，一语习得中母语的输入从本质上说是不完美的，如果只是依赖输入，孩子就很可能不能成功内化语言规则，非生成性的输入对习得是不够的，这就是所谓的"刺激贫乏"现象。他的语言习得装置理论后来发展成为"普遍性假说"（Universal Hypothesis），根据该假说，学习者学习核心规则比学习特定语言规则容易，一语迁移只限于影响非核心特征（Ellis 1999: 14—15）。"普遍因素决定了学习的一般轮廓，语言具体因素（不管是母语的还是目标语的）只有在普遍因素不起作用的情况下才起作用。"这一观点很好地诠释了乔氏的思想（Gass 1980: 180）。

1960年代，美国语言习得学界深入开展了实证研究，大规模考察儿童的语法习得情况。这些研究起初采取的是结构主义范式，后来改用转换语法的方法，以期可以从普遍语法推导出目标语的语法。二语教育专家埃利斯（Ellis 1999: 45—46）回顾这段历史时强调指出，当时儿童习得的实证研究已与句法理论的发展紧密结合，而这种理论即发轫于《句法结构》。如今，乔姆斯基的语言习得装置理论及普遍性假说，无论在一语还是二语教学界仍是热门话题，鉴于此，读读《句法结构》，从源头上认识这一思潮，还是很有必要的。

4. 其他

《句法结构》是一本特色鲜明的著作。我觉得至少有三点值得一提。首先是形式化，这一点很显著，上文已说到，不赘述。其次是对语言现象的观察很仔细，往往能发前人之所未发。例如，乔氏主张设立零语素，如设定"they work"的"work"后面有一个表施动者为复数的零语素,与"he works"里表施动者为单数的"s"对应;照此类推,似乎不及物动词后也有一个零宾语,但是他明确地指出,情况并非如此,他的证据来自被动转换。以"sleep"为例,设立零宾语必然会出现John—slept—Ø,那么一转换,即为Ø—was slept—by John,最终成为非句子"was slept by John"(Chomsky 2002: 64)。关于主动和被动之间的转换,虽然本书尚未充分注意到各种不宜转换的现象,但是对某些句子转换后产生的细微不同有很敏锐的观察(Chomsky 2002: 89, 101)。再如,关于绝对同音结构(absolute homonym)的论述也是新意迭出。他认为"John was frightened by the new methods"是一个绝对同音结构,因为"这句话可以意味着约翰是保守的——新方法吓着他了;也可以是吓人者以新方法吓了约翰"(Chomsky 2002: 90)。第一种解读的施事是"new methods",此时主动形式为"New methods frightened John";第二种解读的施事是某(些)人,此时主动形式为"Some people frightened John by new methods"之类的句子。这些都是极富启发性的。其三是站在学术最前沿,反映最新动态。例如,原版书第44页脚注提到了哈里斯的一篇文章所用方法与自己的方法有些不一样,那篇文章是《句法结构》出版当年发表的,这说明乔姆斯基十分注意最新学术动态并能迅速将此反映到自己的研究中。

二 某些概念的理解和术语的翻译

本书的不少概念与传统语法和结构主义有千丝万缕的联系,

但往往所指范围不一样，这里举例说说两个关键概念在本书中的情况。

（1）**语法**。在本书中，"语法"有多重意思。首先是指语言的组词造句规则（非特指），其次指某种语法体系（实际是一种语法理论），如本书力图建立的转换语法，再次指一部具体语法（特指一种语言的全部组词造句规则的集合），偶尔还可以指一条具体的语法规则，如原版书第74页的"by this grammar"的"grammar"指的是讨论中的语法规则，即规则（79）。

（2）**句法**。本书"前言"第一句话就说："本项研究既从广义（与语义学相对）也从狭义（与音位学和形态学相对）两方面讨论句法结构。"前者与传统语法著作里的"句法"一词的含义有所不同（Thrax 1874: 12；徐烈炯 1988: 81；Nesfield 1930），基本等同于语法，含词法[①]。此用法在本书中属基本用法，但偶尔也会有狭义用法，如第6章说，"有一种观点认为，句法结构理论的研究必须等待音系学和形态学的问题全部解决（才能着手）"（Chomsky 1957: 60），这个"句法"显然不含词法，是通常所言的与词法（形态学）相对的句法。本书虽取名《句法结构》，但实际研究的是整个语言的形式构造这个大问题，相当于《语法结构》。当然，本书的重心是转换问题，而转换主要涉及的是句法（狭义的），只不过转换的具体规则和操作涉及音位和形态问题，因此名为《句法结构》也自有其道理。

[①] 有的学者已经注意到乔姆斯基的"句法"概念的这一广义用法，如赵世开（1989: 129—130, 175）。但赵世开（1989）未提及该术语在《句法结构》中的狭义用法。

其他某些概念如"音位特征""小品词"等，在此书中的用法也值得注意，详见相关译者注。

关于本书某些术语的翻译思考，我此前已有专文讨论（陈满华 贾莹 2014；陈满华 2017），这次通译，又有不少新感想。限于篇幅，这里仅谈三个重要概念的译法。

（1）transformation：在本书中既指转换手段（或现象），这时是抽象名词，不可数；也指具体的转换模式，这时是可数名词。有的学者把后者译为"转换规则"（乔姆斯基 1979: 41, 44），从实际所指看，这样译可以接受，但是与书中多次出现的"transformational rule(s)"（转换规则）撞车，因此我原则上把第二层意思的"transformation"译为"转换式"。

（2）set：这个概念涉及语言、语法等关键概念的定义。第 1 版中译本一般译为"套"，有时译为"组""系列"（乔姆斯基 1979）。考虑到乔姆斯基是以研究形式语言的方法进行这项研究的，他用的是数学上的概念，为了尽量体现原文的数理思路，我译为"集合"，有时受上下文音节影响，简称"集"。

（3）string：目前比较流行的译法是"（语符）链/列"或"（字符）链/列"，考虑到在计算语言学里"string"通译为"（字符）串"（俞士汶等 1996: 94），我倾向于用"串"代替"链"或"列"；本书里的"string"的概念很广，既可指字母、符号等构成的"串"，也可指音位、词语等构成的"串"（即所谓的"a string of phonemes""a string of words"等）。综合这些情况，我译为"（语符）串"。

另外，"corpus"现常译"语料库"。考虑到 1950 年代尚无当代意义上的语料库（承蒙冯志伟教授提醒），我们一般就译为"语料"，间或酌情选用其他合适字眼。

还有"kernel""well-formed sentence"等，此处不一一说明，有的在译者注里有解释。

顺便说说莱特福特的"Introduction"。这篇文字视野很开阔，站在了当代学术前沿，对乔姆斯基1950年代以后的理论多所涉及，还反映了形式语言学、认知科学、语言习得研究等领域发展至今的一些理念，并以此反观、评议乔姆斯基当年的思想，可以说是一篇体现当代视角的书评；但是里面也介绍了《句法结构》以及生成语法理论的产生背景、经过，简介了主体章节的核心内容，有一定的导读性质；另外，书中已有乔姆斯基自己的"Introduction"（引言），两者的译法当体现区别。正是主要基于以上考虑，我将莱特福特的"Introduction"译为"导读"。

三 版本、校订与译注

此书一共出了两个版本，第1版由荷兰海牙摩顿出版公司于1957年出版，第2版由德国德古意特出版社于2002年出版。我国曾出版过第1版的中文编译本《变换律语法理论》（王士元、陆孝栋编译，1966，香港：香港大学出版社，见司富珍2019），1979年正式出版了该版的中文译本《句法结构》（乔姆斯基1979）。我们这个中译本据第2版译出。

第1版印刷了许多次，在此过程中有多处挖改。第2版增加了莱特福特的导读，其中的原书部分虽然是1957版的，连页码都一样，但是并不完全是最早的样子，有几个句子的表述有变化，其中4处改动较大，详见此译本的相关译者注。第2版还改正了第1版的几处文字（含标点）错误，但第2版又新出了少量印刷错误。对这些问题我都做了校订。除了个别微小问题（如括号有缺失），我在译者注里对相关情况都有具体说明。在处理这些问题时，我参考了第1版，因此此译本实际是以第2版为底本、在必要时适当参照第1版译出的；参考第1版时，原则上以最早的印本（1957）为准，但对后来有改动处，以最新的为准，这些后来的印本我具体参照的有1964年本、1975年本和1985年本。

鉴于本书的实际情况，我加了较多的译者注。除了上文提到的情况，这些注释更多的是对某些具体内容的解释，也有一些相关提示。希望这些译注能有一定的参考价值。

四　翻译：学习的延伸

我从1980年代中叶开始接触《句法结构》，当学生时跟业师胡明扬教授等学习此书和乔姆斯基的转换语法，当时读的是第1版的中译本，只是大概有点了解。后来自己给研究生开设"现代语言学名著选讲"课，《句法结构》自然是必选篇目。在开课过程中我仔细通读了英文原版，并将当时能找到的1957年、1964年和1975年的三个印本对照，记录了这些本子从文字到内容的一些细微变化。在研读、备课过程中有了更多收获，这期间我就此书的术语、概念及其他某些内容的理解、翻译问题写了上文提到的那两篇论文。

前年，承蒙商务印书馆相邀翻译此书，虽诚惶诚恐，但我对此书确实有浓厚兴趣，于是欣然接受任务。对乔姆斯基的理论，特别是《句法结构》，我经历了一个仰慕、学习、再学习的过程，如今又静下心来翻译《句法结构》，这既是一个难得的重温、研探的机会，也可以为这一流派的语言学思想在我国进一步传播尽绵薄之力，我感到很欣慰，更感到荣幸。这次翻译，让我对此书又有了新的认识，可以说收获颇丰。现在终于完成了任务，有了一种释然感。当然，《句法结构》是一本具有跨专业性质的著作，篇幅虽小，却博大精深，受自己的能力和专业面所限，拙译难免存在问题，敬希读者不吝赐教。

五 鸣谢

在翻译过程中，我参考了《句法结构》第1版的中译本（乔姆斯基1979）以及其他大量相关文献，我谨向上述著作的译者、作者深表谢忱！好友张和友教授很关注我的这项工作，帮我校读了"导读"中的部分译文，他的建议对我很有启发；在翻译涉及数理方面的内容时，我得到了计算语言学专家卢达威博士、数学专家李建国教授和牛强博士的热忱相助；商务印书馆刘军怀编审对译稿的打磨提出了很多建设性思路、建议；孔哲礼博士帮我查找相关资料；陈卫恒教授给我提供了莱特福特的联系方式；我的学生王粲然帮我制作了所有图片；还有许多语言学同人甚至其他专业的一些朋友也以不同方式鼓励我。我谨在此一并向诸位送上诚挚的谢意！

译稿有幸得到著名计算语言学家、前辈学者冯志伟教授的审订。冯老不但熟悉乔氏《句法结构》和此后的生成语法理论，还深入钻研过《句法结构》以前乔氏发表的所有相关著作，且起步很早，因此积淀深厚。他对拙译（特别是某些与计算语言学有关的术语）的校订，为保证译文质量把住了重要的一关。在此谨表由衷的谢意！

在加工译稿时，我就"导读"里某些词句的理解等问题多次联系作者莱特福特教授，他每次都及时回复，耐心解答。另外，他也回答了我关于《句法结构》的个别问题，谈了他的理解。这些对我都很有帮助。他还帮我联系上了乔姆斯基教授。我十分感谢莱特福特教授的指导和帮助！

去年我写邮件给乔姆斯基教授本人，告诉他商务印书馆启动了出版《句法结构》（第2版）中译本的工程，我正在倾力翻译此书；我还向他汇报了我以往对此书不同版本以及第1版多个不同印本的比较工作。乔老热心地回复了我。圣诞节度假期间，他在给我的第一封邮件里说道："得知你们正在做的事情，我感到很高兴。"[①] 后来，他还多次回复我的邮件，耐心解答我就书中字句的理解提出的问题。我在一封邮件中告诉他我发现（或怀疑）原书有个别文字错误，举了附录二里多个相连序号的差错为例，并告诉他我的处理方案，就此征求他的意见，他很快回复，说我的理解很对，并表示："那就是一个失误。你改得对。"[②] 他还说，"要是什

[①] 相关原文是"I am very pleased to learn about what you are doing."。引自乔姆斯基2018年12月27日发给我的邮件。

[②] 相关原文是"You are quite right. It's just an error. Your correction is correct."。引自乔姆斯基2019年1月16日发给我的邮件。

么时候你能把勘误表发给我，会有用的，没准儿出另一版呢。"① 而且，他还热忱应允为中文版作序。乔老的这些回应对出版社和我个人都是非常有力的支持，我备受鼓舞，在心底充满了对他的深深敬意和特别感谢！

最后，我还要感谢我的爱人王新颖。为了助我按时完工，她承担了所有烦琐家务和对小女的照料，还对译文初稿的个别语句提出了很好的修改建议，使我深受启发。

陈满华

2019 年 8 月 19 日

于中国人民大学

参考文献

陈满华，2017，乔姆斯基《句法结构》汉译商兑，《阅江学刊》，(4)：47—56。

陈满华、贾莹，2014，乔姆斯基《句法结构》若干概念、术语的翻译问题，《当代语言学》，(2)：209—216。

克里斯特尔，2000，《现代语言学词典》，沈家煊译，北京：商务印书馆。

乔姆斯基，1979，《句法结构》，邢公畹、庞秉均、黄长著、林书武译，北京：中国社会科学出版社。

司富珍，2019，回望我国 40 年来语言学理论译介与发展，《中国社会科学报》，1 月 16 日。

徐烈炯，1988，《生成语法理论》，上海：上海外语教育出版社。

俞士汶、朱学锋、E. Kaske、冯志伟，1996，《英汉对照计算语言学词语

---

① 相关原文是 "If you can send me the list of errata sometime, that would be helpful, in case there is another edition."。出处同上。

汇编》，北京：北京大学出版社。
赵世开，1989,《美国语言学简史》，上海：上海外语教育出版社。
Chomsky, N. 1957. *Syntactic Structures*. The Hague: Mouton.
Chomsky, N. 1959. Review of *Verbal Behaviour* by B. F. Skinner. *Language*, 35: 26—58.
Chomsky, N. 1965. *Aspects of the Theory of Syntax*. Cambridge, MA: MIT Press.
Chomsky, N. 1966. *Topics in the Theory of Generative Grammar*. The Hague: Mouton.
Chomsky, N. 2002. *Syntactic Structures* (2nd edition). Berlin: Mouton de Gruyter.
Cook, V. 1985. Chomsky's Universal Grammar and second language learning, *Applied Linguistics*, 6(1): 2—18.
Ellis, R. 1999. *Understanding Second Language Acquisition*(《第二语言习得概论》), originally published in 1985, Oxford: Oxford University Press. 上海：上海外语教育出版社。
Gass, S. 1980. An investigation of syntactic transfer in adult second language learning. In Scarcella, R. and S. Krashen (eds.), *Research in Second Language Acquisition*. Rowley, Mass: Newbury House.
Lightfoot, D. W. 2002. Introduction. In Chomsky's *Syntactic Structures* (2nd edition). Berlin: Mouton de Gruyter.
MIT News Office. 1992. Chomsky is Citation Champ. https://news.mit.edu/1992/citation-0415, April 15. Retrieved March 25, 2018.
Nesfield，J. C. 1930. *English Grammar Series, Book IV* (*Idiom, Grammar, and Synthesis*). London, Macmillan and Co., Limited.
Sperlich, Wolfgang B. 2006. *Noam Chomsky*. London: Reaktion Books.
Thrax, D. 1874. *The Grammar of Dionysios Thrax*, translated from the Greek by Thomas Davidson, St. Louis, Mo. Printed by the R. P. Studley, Co.
web.mnstate.edu. 2015. The one hundred most influential works in cognitive science. https://web.mnstate.edu/schwartz/cogsci100.htm. Retrieved March 25, 2018.

目　录

导读 ·· 1

前言 ··· 24

1　引言 ··· 27
2　语法的独立性 ·· 29
3　一个初级的语言理论 ··· 36
4　短语结构 ··· 45
5　短语结构描写的局限 ··· 56
6　关于语言理论的目标 ··· 75
7　英语里的部分转换式 ··· 89
8　语言理论的解释力 ··· 119
9　句法和语义学 ·· 127
10　结语 ·· 143
11　附录一　符号和术语 ·· 146
12　附录二　英语短语结构规则及转换规则举例 ······················ 149

参考文献 ·· 155
审订后记 ·· 160

导　　读*

诺姆·乔姆斯基的《句法结构》是引发现代"认知革命"雪崩的那个雪球。认知观肇始于17世纪，如今它将现代语言学解读为心理学和人类生物学的一部分。儿童依赖其早期的环境，伴随着各不相同的语言系统长大成人，如果是在东京成长，伴随着的就是日语的一种变体；如果是在 波尔佩罗（Polperro）的乡村长大，就是康沃尔英语（Cornish English）。语言学家致力于描写日本人或康沃尔人的精神系统，即他们的语言"器官"。这些系统以某种方式由人类心智或大脑表征，通过某些类型的体验而获得，在言语理解和产出过程中以某种方式使用，使用的目的多种多样：交际、玩耍、情感表达、族群认同等等。语言学家也致力于揭示相关遗传信息，它为整个人类物种所共有，能决定康沃尔、日本、荷兰、金南德（Kinande）以及纳瓦赫（Navaho）等地儿童的语言器官的成长与发育。①

这个雪球在过去50年里沿着自然主义的路径滚滚而来，日益

---

① 乔姆斯基认为，"人的认知系统跟人这个有机体内生长的各种人体结构一样复杂，一样奇巧，因此研究语言这个认知结构的获得，与研究复杂的人体器官的形成多少有些相似。"（Chomsky, N. 1975. *Reflections on Language*. New York: Pantheon. p. 10）——译者

硕大而迅疾。语言千姿百态，种类繁多，各种发展模式在幼儿那里得到体现，孩童的经验在某些方面尚不足以确证成熟的（语言）系统，这些现象带来了许多发现，并从经验角度对理论提出了诸多要求，理论研究则需要满足这些要求①；当开始领悟那些可能涉及理解和产出言语的大脑机制时，我们也就开始期望提出更多涉及经验性研究的要求。这种对个体语言能力发展的研究影响了人们对人类认知的其他方面的探索，而在那些领域，对理论提出的经验性要求不尽相同，要厘清先天禀赋的作用与后天滋育的功劳，则更为艰难。哲学家、心理学家、神经科学家甚至免疫学家（参阅 Jerne 1967 以及他 1985 年的诺贝尔奖致辞）都投入到这项工作中来了。这就是"雪崩"，它已波及认知山峦的许多地方。安德森和莱特福特（Anderson and Lightfoot 2002）近期对正在进行中的这项工作的某些方面进行了考察，乔姆斯基（Chomsky 2000）也发表了他的最新观点。

  从这里回望那个雪球是很有趣的。雪球开始时总是很小，很少有人会写像这样仅有 118 页的小书。②然而，令人惊讶的是：这本小书不含任何认知表征方面的内容，不含儿童的最早语言经验所触发的、作为心智系统的语法。乔姆斯基固然得出了某些结论，发展了某些思路，这些结论和思路自然地激发了对语法描写状态的根本反思，但从最早的文本判断，他做这一切的时候并没有给

---

  ① 即理论应该对一系列经验现象做出合理的解释。——译者
  ② 指乔姆斯基《句法结构》（第 1 版）。实际上此书最早的篇幅只有 116 页（且含扉页、目录、参考文献等），后来（如 1964 年重印时），增补了相关阅读文献，篇幅才达 118 页。——译者

予认知表征任何特别的关注。

对这些早年情况最好的讨论是 1975 年发表的专题著作《语言理论的逻辑结构》(The Logical Structure of Linguistic Theory，以下简称 LSLT) 的导言。1973 年，乔姆斯基在这个导言里写道，如果不是罗伯特·利斯 (Robert Lees) 写了一篇深度书评，那么《句法结构》在业内不会怎么引起注意的，那篇书评差不多就在这本书面世的同时发表在《语言》(Language) 上。不过，该书评只简单涉及心理表征的情况，而且乔姆斯基的判断太谦逊了，这本书颇受一些书评的好评，尤其是，乔姆斯基在 1958 年第三届得克萨斯会议①上发表演讲 (已出版，Chomsky 1962) 以后，该书很快产生了重大影响。当然，并非一切顺利：专题著作曾被麻省理工学院理工出版社 (Technology Press of MIT) 拒绝出版，有一篇文章也被《词语》(Word) 期刊退稿。

《句法结构》本身由 (乔氏编写的) 麻省理工学院本科课程讲义构成，斯库纳维尔德 (C. H. van Schooneveld) 提出由摩顿出版公司 (Mouton) 出版，此书系 "LSLT 里部分材料的粗略、非正式纲要" (Chomsky 1975: 3)。因此这一时期有三个核心文本：LSLT、《句法结构》以及利斯的书评。了解一下采用这一新范式的最早分析工作也是有所裨益的，例如克利马 (Klima 1964)、利斯 (Lees 1960) 以及利斯和克利马 (Lees and Klima 1963)。不过，人们还应当另外记得的是，乔姆斯基那时正在撰写斯金纳 (Skinner) 广

---

① 即第三届得克萨斯英语语言分析问题研讨会 (the Third Texas Conference on Problems of Linguistic Analysis in English)。——译者

受赞誉的《言语行为》(Verbal Behavior)一书的书评(Chomsky 1959)。该书评是 1957 年提交的,它初步形成了与流行的正统方法颇为不同的对待心理行为的方法。

本书"尝试构建语言结构的形式化普遍理论,……本研究即为这种尝试的一部分。……通过运用精确但不充分的构想勉强得出一个不可接受的结论,我们经常可以由此揭示这种不充分性的确切根源,因此也就可以获得对语言材料的更深刻的了解。"("前言",第 24 页[①])这是一个初显端倪、乔姆斯基毕生追求的方略,他总是乐意用精确的细节构建其主张,目的是想看出哪儿是缺陷所在,然后重新构建,有时其方式是激进的,由此在(认知主义的)山坡上滚出了一个不小的雪球;人们会想起乔姆斯基和拉斯尼克(Chomsky and Lasnik 1977)的过滤条件(filter)、乔姆斯基(Chomsky 1980)附录里的加标规约(indexing convention),以及乔姆斯基(Chomsky 1995:第 4 章)列出的各项特征,这些都是在(语言的)得体性和生物学上的合理性之外寻求精确性,然后启动语言理论的重大重构。新的研究的直接目标乃是构拟确切、明晰、"生成的"阐释,不受被语感牵制的意念所束缚。

对语言 L 进行语言分析的基本目的是:区分能构成语言 L 句子的合语法序列和不能构成语言 L 句子的不合语法序列,然后研究合语法序列的结构。[②]因此语言 L 的语法就是一个生成语言 L 所有合语

[①] 指在本中文版中的页码,下同。——译者

[②] 此处的引文漏掉了"然后研究合语法序列的结构",这里根据《句法结构》原文补入。莱特福特在给译者的邮件中表示同意在中译本里补入漏掉的原文。见本书 §2 第 1 段。——译者

法序列，而不生成任何不合语法序列的装置。(第29页)[1]

利斯和其他学者认为这个框架真正体现了科学的视角，这给他们留下了深刻印象，而那时候人们恰恰特别关注科学的本质。利斯认为此书是

> 一位语言学家沿袭理论建设的传统，为构建语言综合理论所做的最早的重大尝试之一，我们可以像化学或生物学领域的专家通常理解化学或生物学理论那样理解这一理论。它并非仅仅把材料重新整合为一个新的库存目录，也不是另一种关于人和语言之本质的思辨哲学（speculative philosophy），而是对我们的语感的缜密阐释，依据的是一个显性公理系统、由此推出的一些定理以及可以与新语料和其他直觉知识进行比较的明确结论，这一切显然都是以语言内在结构的显性理论为基础。(Lees 1957: 377—378)

那么，乔姆斯基即以《句法结构》发轫，他的目标是要构建

> 一部语法，这部语法可视为某种装置，该装置能产出被分析的语言里的句子。从更具普遍意义的角度说，语言学家必须关注如何确定成功语法的根本属性的问题。这些研究的最终成果应该是这样一个语言结构理论：在该理论中，用于特定语法体系的描写装置是以抽象的方式呈现并加以研究的，并非专门针对具体语言。该理论的一个功能是，基于每种语言的句库，提出一套用于为该语言选择语法的普遍方法。(第27页)

以此构想选择一部语法，这个问题是由分析家对理论进行比较的问题，而不是由儿童来进行比较的问题。第6章"关于语言理论

的目标"的著名讨论,即发现程序、决定程序以及评估程序之间的区别的讨论,经常作为孩子在习得其语法过程中该怎么做的讨论内容被引用。但是,这部分内容关注分析者的目标,抨击寻求语法的"发现方法"的结构主义目标。凭这一方法,分析者会按说明书上的规定项即"机械的语法发现程序"行事(第83页,脚注①),达到对某种语言的正确描写。与此相反,乔姆斯基指出,要指望这样一种方法,乃是奢望,最现实的目标是找到一种方法对生成特定型语料的各种假设进行比较。没有讨论儿童的情况,但着力反对实证主义观念,该观念认为人们可以发现一条预先限定的通向科学真理的路径(参阅 Popper 1959)。"人们可以依靠直觉、猜测、各种有方法论意义的片段性提示,依赖以往的经验等等,得出一部语法……我们的终极目标是,要以一种客观的、非直觉的方式来评估已经提出的语法"(第83—84页)。

尤其是,没有理由指望有这样一种发现方法:凭借此法,有了成功的语音分析就会有成功的音位分析,有了成功的音位分析就会有好的形态分析,有了好的形态分析就会有好的句法分析。

> 我们一旦放弃寻找实用的语法发现程序,那么某些向来属于方法论话题的激烈争论问题就确实不会出现了。不妨考虑一下各语言层面之间的相互依存问题。(第84页)

假如语言单位由分类程序(taxonomic procedure)来定义,那么较低层面语言单位的构建必须在较高层面语言单位从较低层面构建出来之前进行。但是,一旦目标限定在获得一个评估程序,那么,人们可以进行独立层面的表征,而无须在下定义时循环兜圈①。的确，乔姆斯基主张较高层面的（句法）分析或许可以影响较低层面（如形态层面）的分析，因此，即使仍有未解决的音位和形态层面的问题，关于句法的工作还是可以做下去（第87页），这或许对音位分析是有益处的。

这是重大的**方法论**创新，对真正的科学方法的主张便建立在如下基础上了：形式化的、明晰的、生成性的阐释趋于严密，为了支持可以对理论进行评定的评估程序，不再寻求发现程序。②

> 任何科学理论都是以有限数量的观察资料为基础，用一些假定的单位诸如（物理学上的）"质量""电子"等构建通用定律，设法把所观察到的各种现象联系起来，并预言新现象。同样，英语语法是建立在有限话语语料（观察资料）基础上的，包含某些语法规则（定律），这些规则是用具体的英语音位、短语等（假定性结构单位）表述的。（第75页）

技术上的创新即将激活不同层面的分析和表征，通过运用"转换规则"的手段，这些不同层面的分析和表征在形式上发生关联。这就涉及语法本质的各种主张，包括：语法的基元要素是独立定义的，而不是更基本的语义、功能或意念等概念的产物（第2章）；语法不能通过有限状态马尔可夫过程（finite state Markov

---

① 即给不同层面的概念下定义时可以避免出现循环论证。参阅《句法结构》§6.2第1段。——译者

② 乔姆斯基认为，在三个程序里，发现程序过于复杂，采用这一程序的语法体系几乎不能创制出来，应当放弃；而评估程序最简便有效，采用这一程序的语法体系是最理想的，他声称要追求运用这一程序的语法体系。参阅《句法结构》§6.1。——译者

process)① 来制定（第3章）；将规则模式限制在短语结构语法内会导致呆板难用，失去洞察力和得体性，而把不同层面的分析联系起来的操作法，即所谓的"转换"，或许可以促成这种洞察力和得体性（第4、5、7章）。

在讨论了简约的短语结构语法的表达力之外，第5章提供了三个方面的证据以扩展语法的表达力。一类涉及连接减缩（conjunction reduction），一类涉及主动-被动关系，而《句法结构》里隆重推出、作者自己为之激动（LSLT, 30—31）、影响读者最深的部分，是对英语助动词的重新阐释（第5.3节）。② 乔姆斯基提出了一个简易的助动词转换（Auxiliary Transformation），后来戏称为"词缀弹跳"（affix hopping），像 -ing、-en 以及抽象的时态标记这样的词缀由此可以移至相邻动词右边最近的位置（29ii）。这一精巧的转换，将一个抽象的表征层面映射（mapping）为另一个表征层面（不是把一个句子转化为另一个句子），避免了复杂到令人失望的短语结构规则，结果很漂亮地解释了"迂回式 do"（periphrastic do）的分布，这一点现在可以描述为与"悬空的"（stranded）词缀共现，该词缀没有相邻动词可以弹跳过去（第90—91页）。他发现，"增加了一个转换层面后，语法便大大简化，因为现在只须把短语结构规则直接用于内核句分析"（第73页）。

第7章题目是"英语里的部分转换式"，该章将转换分析扩展

---

① 马尔可夫（Andrey A. Markov, 1856—1922），俄国数学家。——译者

② 这里提到的是《句法结构》第5章介绍的三条转换规则，都是为了证明短语结构规则的不足。第一条是连接法转换规则，第二条是主动-被动转换规则，第三条规则即助动词转换规则。见附录二的第12、20 及 23 条规则。——译者

到否定句、疑问句以及其他类型的句子,(这使得整个语法)在纯粹的短语结构语法之外得到进一步简化。转换式本身为某些组构成分(constituent)提供了证据(第118页),而相同的单位在一些操作中反复出现,这表明我们正获得真正的概括性。助动词分析的基本方面在经历了差不多50年的广泛讨论以后仍然有生命力。在近期的系统阐述中,语法变异的核心参数在于动词是如何与其时态标记相联系的:这要么是句法操作的结果,这一句法操作把动词提升到一个较高的包含时态标记的功能范畴(就像法语中的那样,参阅Emonds 1978);要么是现在被视为形态操作法的处理方式带来的结果,即时态标记降级至邻近动词上(就像现代英语中的那样,参阅Lightfoot 1993,Baker 2002),这就是乔姆斯基(Chomsky 1957)的助动词转换。拉斯尼克(Lasnik 2000)详细讨论了二者的区别及其与《句法结构》所提方案的关系。

乔姆斯基总是倾心于尽可能精确地阐释,他指出,这种(尽可能精确的)析解带来的必然结果是:确定转换规则在应用过程中的次序(第69页),区分强制规则和非强制规则(第69—70页)。这固然带来了精确性,但是假如我们认为儿童仅仅通过接触基本语料就能获得语法的话,那么也会带来问题。如果两条规则必须排出次第,或者如果某条规则需要被归类为强制的,那么把语法看成是成熟认知的若干方面的人就会纳闷:这在孩童那里怎么被触发出来?如果两条规则的顺序排错了,或者强制规则被当成非强制规则用了,那么这部语法就可能会生成(实际)不出现的句子或结构。这些实际不出现的句子为语言学家证明排序的必要性或规则的强制性特征提供了证据,但是这些证据对儿童不适用。

假定句子实际不出现，那它们就不是基本语料的一部分，就不是儿童所经历的一部分，我们便有了一种无法触发和"不可学"的语法。然而，在1957年，这还不是个问题，那时追求精确性是压倒性的目标，而可学性的问题尚未明确地提出。

《句法结构》主体部分的最后一章讨论句法和语义学，人们对这二者之间的关系多所误解。乔姆斯基指出：语法的基元要素不是依据语义定义的，从这个意义上说，语法是自主的，独立于意义之外的（第34—35页）。"但是"，这"不应该让我们对此事实视而不见：形式上、语法上的分析所发现的结构和成分，与具体语义功能之间存在惊人的对应关系"（第137页）。因此，句法分析单位、句法成分单位与语义分析单位几乎一致："I saw the man with a telescope"的歧义体现在两个句法结构中，"the man with a telescope"在一个结构里是一个组构成分，而在另一个里不是。①该研究确认了"意义运用理论"（a use-theory of meaning），即：语法是嵌入范围更广的符号学理论之内的，而符号学理论**运用**语法来确定意义及表达之所指。句法特征和语义特征之间有惊人的对应关系，"把语言结构作为一个工具"进行研究，"可望洞察语言的实际运用情况"（第140页）。主张句法基元要素不是从语义方面定义的，这并不是否认形式和意义之间的关联（讨论见 *LSLT*，18—23，Lees 1957:393—395）。

---

① "I saw the man with a telescope"的意思既可能是"我看见一个带着望远镜的男人"，也可能是"我用望远镜看见一个男人"。按前者理解，"the man with a telescope"属于一个组构成分（宾语部分）；按后者理解，不属于一个组构成分："the man"是宾语，"with a telescope"是状语。参阅§5.2的第一个译者注。——译者

的确,《句法结构》在某些方面反映了1950年代中叶所盛行的智识文化(intellectual culture)。乔姆斯基为一种组构合格句(well-formed sentence)[①]提供了可具操作性的定义[②],这种句子是行为主义心理学家所能理解的:它们在任何语义学意义上都无须"有含义"或"有意义"(第32页),在统计学上不是频繁出现的;可以用正常语调模式读出,轻松地回忆起来,快捷地学会。他从其业师哈里斯(Harris 1951)那里接受了**内核句**(KERNEL sentence)[③]的概念,重新释解,用以指称不经过非强制转换、只经过强制转换产生的句子(第70页);*LSLT*(41—45)详细讨论了哈里斯的转换式(transformations)[④]与乔姆斯基的早期研究之间的关系。人们确实可以主张《句法结构》反映了当时存在的对认知问题隐而未发的实际情况:有理由相信结构主义学者关注了认知问题,并想要得到心理学上的合理分析,但这种关注是隐约不彰的。

这种方法上的创新经受住了时间的磨砺,其许多技术方案亦是如此。乔姆斯基(Chomsky 1995)重新设置了单一转换式和广义转换式之间的区别,前者影响单一结构,后者将小句嵌入其他

[①] "well-formed sentence"指的是形式上合格而不一定合乎逻辑的句子,是乔姆斯基的"grammatical sentence"(合语法句)的替代性表述。有的学者(如徐烈炯《生成语法理论》,上海外语教育出版社,1988: 28)译为"合格句"。也有学者把"well-formed"译为"合式"(见克里斯特尔《现代语言学词典》,沈家煊译,商务印书馆,2000: 164),那么"well-formed sentence"就可译为"合式句"。——译者

[②] 参阅《句法结构》§2.3。——译者

[③] 关于"内核句"的概念,详见第70页(含脚注①)。——译者

[④] 哈里斯和乔姆斯基都使用"转换"(transformation)的概念,但二者有实质的不同,有的学者把前者的"transformation"译为"变换"。——译者

结构。这个区别在《句法结构》出版之后被弃之不用，代之以乔姆斯基（Chomsky 1965）提出的规则循环应用原则，该原则起先影响最深内嵌结构，继而逐层影响到全部次深内嵌结构。

　　人们可以分辨出生成语法研究的三个阶段：第一阶段，由《句法结构》开启，继之以《句法理论的若干问题》(Aspects of the theory of syntax)（Chomsky 1965），精细打磨语法的表达力，以涵盖不同的表征层面（《句法结构》）以及一个词库（这是乔姆斯基 1965 年的主要技术创新）。第二阶段，发端于 1960 年代，至管辖约束模型（Government and Binding models）达到巅峰，寻求限制推导的表达力，因之操作沿着"移动某成分"(Move something) 的路径而变得非常具有普遍性，而语法理论的普遍原则（1960 年代称为"普遍语法"(Universal Grammar)）对句法操作进行限制使其运用得当。第三个阶段，是在奥卡姆剃刀（Ockham's razor）从方法上进行剪裁之外探寻实体的经济原则，这些都是在乔姆斯基（Chomsky 1995）最简方案（Minimalist Program）的框架下进行的。技术上的进步相当大（大到在一个简短的导读里不可能描述其大略），我们对个体语言的本质特征、儿童经历的（语言）发展阶段以及语法参数所允准的各种变异已有丰富的了解（贝克（Baker 2001）远见卓识地将参数方法加以类推，运用了考察元素周期表的方法，这些元素是构成所有化学物质的基础）。

　　这些进展是伴随着以下情况出现的：语言学家认真采取认知视角，把语法当作随儿童接触基本语料而发展的精神系统，这些系统受到由遗传因素确定的语法理论的制约，该理论只允准某些结构和选项。① 这些进展也是伴随着语言学家认真采用数学模型而出现的。一个明显的例子是：随着富有特色的约束理论（Chomsky 1981）的引入，就产生了对特设原则（*ad hoc* principle）的需求。"*They expected that each other would leave"不合语法，对其原因做出解释的是新的约束理论的原则 A（A principle），而它并未说明为何不出现"*They were expected would leave"的说法，这句话很清楚地显示"they"被移置了②。这在以往是用同指加标规约③来解释的，这些规约排除了带有相互代词"each other"的句子。对此做出反应的是一大把要填补空白的雪，这雪的外形很精确，被称为 RES-NIC④，即早先的主格岛限制（Nominative Island Constraint）的剩余（residue），它就是解释这个误移的"they"的。这个不合常规的雪球反过来又促成了自身的雪崩，即空语类原则（Empty Category Principle），这一原则给出条件，说明句子成分在什么位

---

① 乔姆斯基认为普遍语法具有生物学上的属性，系通过遗传获得。在正常条件下，人注定会长出胳臂、腿，同理，在正常环境下，语言也会"长出"语法来，支配着人类的语言活动。（Chomsky, N. 1975. *Reflections on Language*. New York: Pantheon. p. 10）——译者

② 指"would leave"前的"they"因移位而缺失。——译者

③ 即通过"加标规则"（indexing rules）给句子的名词性成分指派数字或字母标引，以保证标明正确的同指语义关系。这一过程称为加同标（co-indexing），限制加标规则应用的条件就是约束（binding）条件。（见克里斯特尔《现代语言学词典》，沈家煊译，北京：商务印书馆，2000：64—65、181）——译者

④ RES-NIC 的全称是"Residue of the Nominative Island Constraint"（主格岛限制剩余），其中的"Constraint"也常写作"Condition"，整个短语简称为"RES-NIC"或"residue of the NIC"。用"Condition"时可译为"主格岛条件剩余"（见周流溪、林书武、沈家煊所译的《支配和约束论集》，中国社会科学出版社，1993，第516页），但也有学者将"Nominative Island Condition"译为"主格禁区条件"（见徐烈炯《生成语法理论》，上海教育出版社，1988，第247—248页）。——译者

置可能被移位。该原则历经 1980 年代后，带来了涉及众多语言的大量新发现（譬如，可参见 Rizzi 1990）。是否能从一般系统推断出个别想法且此想法可以被誉为最有成效的，这还不大清楚，但是空语类原则可以成为备选者，它无论在什么情况下都显示了认真将这些模型作为预测机制时的有效性。

令人称奇的是，《句法结构》之主张竟是那么轻松地转化成了关于人类认知的主张，乔姆斯基后来在对斯金纳的评论中明确了认知主张[①]，再往后他（Chomsky 1965）在第 1 章里对此的清晰阐发乃是广为人知的。在此他以更为基本的方式重新定义这一领域，并把它与人类心理学研究贯通起来。从那以后，习得问题成了语言学理论建设的至关重要问题。这一容易转化的情况可以用来解释：为什么这本小书并未讨论认知问题却显得合情合理地被视为引发了认知问题（雪崩）的那个雪球？例如，关于语言理论的目标的讨论逐一对应地直接转化为儿童语言习得理论的标准。该理论提供了一把评估的标尺，儿童凭此标尺评价备选语法的成效，目的是理解体现在其早期语言经验中的某些有限语料数据，最后集中到最成功的语法上。

在写 LSLT 的导言以前，乔姆斯基已逐渐把语法看成一套表征，所表征的是说者-听者所拥有的知识的基本方面，也就是把语法看成关于心理学的一套主张（LSLT, 5）。况且，《句法结构》和 LSLT 关于方法论的主张与心理学关于人类认知的主张有切实的类

[①] "对斯金纳的评论"指上文提到的乔姆斯基（Chomsky 1959）对斯金纳著作《言语行为》的书评。——译者

同之处：

> 语言学家构建一门语言的语法在某些方面与儿童的语言习得有类比性。语言学家有语料数据，而呈现于儿童面前的是语言运用中所未经分析过的语料。（LSLT，11）

> 语言学习者（类似的是语言学家）以系统程式法（schematism）应对语言习得（语法构建）问题，这一方法预先确定人类语言的一般特性以及语法的一般特性，构建这样的语法是为了解释语言现象。（LSLT，12）

> 因此，正如本研究所认为的那样，我们便有了语言学基本问题的两个不同的方面：在方法论的解读下，这个问题被当作是语法的合理性问题；在心理学解读下，这个问题被当成是对语言习得的阐释……在方法论的解读下，选择出来的语法是语法学家的语法，由理论证明其合理性；在心理学的解读下，它是说者-听者的语法，由评估程序从潜在的各部语法里选出，这些语法由理论允准，并与依照基本分析所呈现的语料相兼容。（LSLT，36）

LSLT 没有讨论语言理论建设中方法论的"心理学类比"问题，但是乔姆斯基写道，这一点暗含在他个人思想的最直接的背景里："对我来说，提出这个问题在当时显得太胆大冒失了"（LSLT，35）。就这样，由于考虑到太冒失，虽然认为采取"现实主义者的"立场是理所当然的，但对此问题未予讨论，因此也就走了捷径，把一般理论当成了试图描述天生的人类"语言机能"的心理学理论。[2]

有大量内在证据表明当时乔姆斯基正与埃里克·勒纳伯格

(Eric Lenneberg)互动,后者正在寻求语言研究的生物学视角,他在这方面的工作开展最早,发掘至深(Lenneberg 1967)。但是,在我们的核心文献里,对认知/生物学视角唯一明晰的讨论却是见于利斯书评里的最后一节,在那里利斯以一种令人不解的乐观态度提出了这些问题[①]:

> 也许乔姆斯基的理论中最令人困惑不解的,而且从长远来看肯定也是最有趣的,是这些理论与人类心理学领域水乳交融。在此领域我完全是外行,我就只委婉提出一种可能的思考,但我发现这一思考非常有趣。为了解释人们的言语行为,我们得把某种机制归因为是人类才有的,假如我们一直讨论的这一语法理论在没有重大修改的情况下被证实了,那么这一机制就具备了成熟的科学理论的全部特征。[②](Lees 1957: 406)……儿童在五六岁的年龄已经以某种方式为自己重建了对其语言的看法(the theory of his language),如果我们要充分解释这个确定无疑的事实,那么我们关于人类学习的观念或许就会在某种意义上有相当成熟之处。(Lees 1957: 408)

"相当成熟之处"的确是有了。大部分后续关于语言学习的研究工作都追随《句法结构》,寻求各种理论来评价与话语语料相关的语法体系。乔姆斯基(Chomsky 1965)、乔姆斯基与哈利(Chomsky and Halle 1968)以及更多当代的研究工作确实是这样做的。罗

[①] 据莱特福特本人解释,之所以此处说利斯的乐观态度是"令人不解的"(mystified),是因为利斯当时很看好语言研究的生物学视角,但他还没有想透这个问题,因此那时还是稀里糊涂的,甚至如一团乱麻。此解释来自莱特福特写给译者的电子邮件(2018年11月30日)。——译者

[②] "这一语法理论"指乔姆斯基的《句法结构》里提出的转换理论。——译者

宾·克拉克（Robin Clark）的适应性标度（Fitness Metric[①]）可以精准地测定关于一个句子集的诸语法体系的适应性情况：

适应性标度（Clark 1992）

$$\frac{(\Sigma_{j=1}^{n}v_j + b\Sigma_{j=1}^{n}s_j + c\Sigma_{j=1}^{n}e_j) - (v_i + bs_i + ce_i)}{(n-1)(\Sigma_{j=1}^{n}v_j + b\Sigma_{j=1}^{n}s_j + c\Sigma_{j=1}^{n}e_j)}$$

在公式中：

v_i = 析句犯规的数量[②]，由给定参数背景的语法分析器（parser）判定；

s_i = 计数器中[③]超集文法的（规则）数量；b 是大于 1 的常值超集罚项（constant superset penalty）；

e_i = 第 i 个计数器[④]的得体度（=（句法树）节点数目）；$c < 1$ 是缩放因子（scaling factor）。

这里的要点是：某些语法提供理解某些句子而非其他句子的手段，也就是它们生成某些句子而非其他句子。适应性标度量化了语法析句的失败即"析句犯规"，符号为 v。求和符号 Σ，表示纳入考察的全部语法的析句犯规总和，譬如可能是五部语法，全部失败即析句犯规为 50 次。然后我们减去任何单一语法的析句犯规数，除以全部析句犯规次数（乘以 n−1）。这就得到了一个分数，用来对备选语法（candidate grammar）进行分级。例如，假定一部备选

[①] "metric" 在数学中一般译为"度量"，考虑到该术语在此兼有指标、标准的意思，我们从现译。——译者

[②] 即语法解析出错的数量。——译者

[③] "计数器中"实际上是指待分析的第 i 个文法中。——译者

[④] "第 i 个计数器"实际上是待分析的第 i 个文法。——译者

语法有10次析句犯规，其得分为50-10，除以某个数[①]；假定另一部语法有20次析句犯规，其得分为50-20，也除以这个数，就会得到一个更低的分数。（这个等式还涉及两个其他因素，超集罚项 s 和得体度 e，但它们受到缩放条件（scaling condition）的制约，且重要性较低，这里忽略它。）我之所以简要介绍克拉克的适应性标度，是因为它是我所知道的最成熟、最精确的评估标准。它以及其他一些此类评估标准所做的是对照数据集对语法进行评价，其大体框架在1957年就提出来了。[②]

虽然大部分关于可学性（learnability）的研究工作追随的都是《句法结构》为语言学理论确定的目标，但是未来的工作可能会允许采取不同的研究习得[③]的方法，提供某类发现程序：儿童可以寻找某些语法结构元素和隐含线索。这些隐含线索或许能够以某种供儿童挑选的清单形式在普遍语法（UG）的层面上开列出来。部分隐含线索代表变异参数（parameter of variation）（即出现在某些语法里而不出现在其他语法里），全部隐含线索可能都见于心理表征中，这些心理表征是解析儿童所接触的短语和句子所产生的结果（Dresher 1999, Fodor 1998, Lightfoot 1999）。这些短语和句子的一部分可能会"表达"隐含线索，需要借助带隐含线索的结构来理解。以此观之，儿童是通过积累带隐含线索的结构来习得成熟的语法，他们（以及语言学家）拥有某种发现

---

① "某个数"即各部语法的析句犯规次数总和（乘以 n-1）。——译者

② 指乔姆斯基的《句法结构》1957年初版已提出语法的"评估程序"的思想。详见其§6。——译者

③ "习得"指语言习得。——译者

程序。

几乎50年前,乔姆斯基主张(研究工作应具备)清晰可察的严密性,主张设立由语法理论提供的多种表征层面,还主张寻求精确的评估标准来比较不同的语法体系。此后经过差不多50年的充实,后续的工作发展了语法理论,捋出了普遍语法的细节,这项工作现在被视为对语言机能的确定,有鉴于此,我们可以重新考察这个问题以及许多其他问题了。对这一部分的人类认知的考察方兴未艾,非常有效,我们已经看到利斯所预言的"相当成熟之处"。我们对许多语言有了广泛的了解,已知晓不同类型的事情:采取生物学、认知视角的生成语法学家们已经聚焦于泛化(generalization)失效的地方,因为泛化的失效暴露了刺激贫乏(poverty-of-stimulus)的问题,这类问题很清楚地展现了语言基因型(genotype)即普遍语法所传递的信息(关于刺激贫乏的影响之辩,其深度讨论可参看《语言学评论》(*The Linguistic Review*)第19卷,2002年第1期)。雪崩也带来了各种关于儿童语言习得的新型研究、新的实验技术、对各种语域中语言运用的新探索①、新的计算机模型、探索语言史的新方法,等等,所有这些都是由语言器官②这个核心概念决定的。它也催生了崭新的方法来研究古老的哲学问题,研究关于意义和指称的诸多观点,乔姆斯基在这一领域筚路蓝缕、导夫先路(如Chomsky 2000)。这

---

① 此句原文里的"explorations"(探索)前无"new"(新)一词。译文增加"新"字,征得了作者同意。他说此处遗漏了"new",应补上。——译者
② "语言器官"是借代,指人类的语言机制。——译者

个非比寻常的雪球给语言的认知分析注入了新的活力，且还将长久持续下去，因为既然视野已经拓宽，那么还会有许多问题有待探究、解决。

戴维·W. 莱特福特（David W. Lightfoot）

乔治城

2002 年 7 月

注释

* 感谢为本导读初稿提供评论意见的同事：诺姆·乔姆斯基、莫里斯·哈利（Morris Halle）、诺伯特·霍恩斯坦（Norbert Hornstein）以及尼尔·史密斯（Neil Smith）。他们都很年长，足以记得 1957 年的事情，可他们看上去都没那么老。

[1] 要记住这是本科生课程的备课材料。学生不熟悉马尔可夫过程，且需要介绍语符串生成机制。这份材料在 LSLT 里未重点讨论，估计是因为其距离经验问题很远。其意图是要表明内容更为丰富的系统对自然语言也不是充分够用的，目标应该是结构的强生成，没有合语法与不合语法的区分，这在 LSLT（第 5 章）里有详细说明。

[2] 从比较宽泛的意义上或许可以说，局限于用数理方法进行描写的语言学家们都在以《句法结构》为榜样，他们希望自己的分析将如同 1957 年的想法那样自动转化为心理学方面的主张。然而，他们自动放弃了经验的要求和经验的引领这笔财富，具体地说，这些经验方面的要求和经验的引领即来自于心理层面、可学性问题，等等。

　　在不显眼的脚注里，值得注意的是，寻求认知视角的语言学家们假定某些遗传方面的信息是解决习得问题所需要的。我们发现了越来越多的所需遗传信息，由此希望有一天能对这些信息的适当**形式**有所了解，这是一件迥然不同和更加雄心勃勃的事情。虽说已有很多假说，但没有人会产生任何这样的幻想：当要把我们的假说与对基因结构已有的了解统一起来（如果有这种可能）的时候，时下流行的观点几乎总是如期而至，成为实现这种统一所需要的（思想）。同时，这样说可能也是对的：某些信息是需要的，但那仅仅意味着，在此理解阶段我们正在做孟德尔式遗传学（Mendelian genetics）的工作。①

参考文献

Anderson, S. R. and D. W. Lightfoot
  2002 *The language organ: Linguistic as cognitive physiology*. Cambridge: Cambridge University Press.

Baker, M. A.
  2001 *The atoms of language*. New York: Basic Books.
  2002 Building and merging, not checking: The nonexistence of (Aux)-S-V-O languages. *Linguistic Inquiry* 33.2: 321—328.

Chomsky, N.
  1959 Review of B. F. Skinner *Verbal Behavior*. *Language* 35: 26—57.
  1962 A transformational approach to syntax. In A. Hill, ed., *Proceedings of the Third Texas Conference on Problems of Linguistic Analysis in English*. Austin: University of Texas Press.
  1965 *Aspects of the theory of syntax*. Cambridge, MA: MIT Press.
  1975 *The logical structure of linguistic theory*. New York: Plenum.
  1980 On binding. *Linguistic Inquiry* 11.1: 1—46.
  1981 *Lectures on government and binding*. Dordrecht: Foris.
  1995 *The Minimalist Program*. Cambridge, MA: MIT Press.
  2000 *New horizons in the study of language and mind*. Cambridge: Cambridge University Press.

Chomsky, N. and M. Halle
  1968 *The sound pattern of English*. New York: Harper and Row.

---

① 译者向莱特福特本人请教此处"我们正在做孟德尔式遗传学的工作"这个比喻的寓意，他回复称："孟德尔设定了一些抽象形式，而对生物化学并无所知，一如现代语言学家们之所为。"（莱特福特写给译者的电子邮件，2018 年 11 月 30 日）——译者

Chomsky, N. and H. Lasnik
 1977 Filters and control. *Linguistic Inquiry* 8.3: 425—504.
Clark, R.
 1992 The selection of syntactic knowledge. *Language Acquisition* 2: 83—149.
Dresher, B. E.
 1999 Charting the learning path: Cues to parameter setting. *Linguistic Inquiry* 30.1: 27—67.
Emonds, J.
 1978 The verbal complex V'-V in French. *Linguistic Inquiry* 9: 151—175.
Fodor, J. D.
 1998 Unambiguous triggers. *Linguistic Inquiry* 29.1: 1—36.
Harris, Z. S.
 1951 *Methods in structural linguistics*. Chicago: University of Chicago Press.
Jerne, N. K.
 1967 Antibodies and learning: Selection versus instruction. In G. C. Quarton, T. Melnechuk and F. O. Schmitt, eds., *The neurosciences: A study program*. New York: Rockefeller University Press.
 1985 The generative grammar of the immune system. *Science* 229: 1057—1059.
Klima, E. S.
 1964 Negation in English. In J. Fodor and J. Katz, eds., *The structure of language*. Englewood Cliffs, NJ: Prentice Hall.
Lasnik, H.
 2000 *Syntactic Structures revisited: Contemporary lectures on classic transformational theory*. Cambridge, MA: MIT Press.
Lees, R.
 1957 Review of *Syntactic Structures*. *Language* 33.3: 375—408.
 1960 *The grammar of English nominalizations*. Bloomington: Indiana University Press.

Lees, R. and E. S. Klima
    1963   Rules for English pronominalization. *Language* 39: 17—28.
Lenneberg, E. H.
    1967   *The biological foundations of language*. New York: John Wiley.
Lightfoot, D. W.
    1993   Why UG needs a learning theory: triggering verb movement. In C. Jones, ed., *Historical linguistics: Problems and perspectives*. London: Longman [reprinted in I. Roberts and A. Battye, eds., *Clause structure and language change*. Oxford: Oxford University Press.]
    1999   *The development of language: Acquisition, change and evolution*. Oxford: Blackwell.
Popper, K. R.
    1959   *The logic of scientific discovery*. London: Hutchinson.
Rizzi, L.
    1990   *Relativized minimality*. Cambridge, MA: MIT Press.

前　言

本项研究既从广义（与语义学相对）也从狭义（与音位学和形态学相对）两方面讨论句法结构。我们尝试构建语言结构的形式化普遍理论，并探索这一理论的基础，本研究即为这种尝试的一部分。寻求语言学上缜密的构想是出于很严肃的动机；相比于单纯关注逻辑上的琐碎分析，或者相比于渴求使已经成熟的语言分析法精炼化，这一动机要严肃得多。精确地构建的语言结构模型能够在（语法的）发现这一过程中发挥重要作用，这可以从正反两方面[①]说明。通过运用精确但不充分的构想勉强得出一个不可接受的结论，我们经常可以由此揭示这种不充分性的确切根源，因此也就可以获得对语言材料的更深刻的了解。从较为积极的方面说，一种形式化理论，在其原本明确计划要解决的问题以外可以自动地为诸多问题的解决提供方案。含混不清、囿于直觉的概念既不能导引出荒谬的结论，也不能提供有新意、正确的结论，因此它们在两个重要方面都不起作用。某些语言学家质疑语言理论朝着精确化和技术性方向发展的价值，我想他们中有一部分人

[①] "正反两方面"分别指的是：一部精确构建的语法在语言的发现过程中运用时，既可以得到正确的表达，也可以发现错误的表达。用本段落下文的话说，就是既要"能提供有新意、正确的结论"，也要能"导引出荒谬的结论"。——译者

可能认识不到如下方法的有效潜能：周密地表述所提出的理论并将该理论严格运用到语言材料上，而无须设法通过特殊的调整或并不严谨的构想来规避不可接受的结论。以下报告的研究结果就是我们有意识地尝试系统地遵循这一研究路径所获得的。由于这一事实未曾被正式指出来，可能含糊不清，在此强调一下很有必要。

具体说来，我们将考察语言结构的三种模型，并力求确定其局限性。我们会发现，某种十分简单的语言通信理论模型和另一种较为有效的理论模型都不能很合适地完成语法描写的任务，后者包含大部分如今一般叫作直接成分分析法（immediate constituent analysis）的内容。这两种模型的考察和运用揭示了语言结构的某些事实，也暴露了语言理论方面的一些缺陷，尤其是，它们无法解释诸如主动-被动这样的句与句之间的关系。我们建立了第三种语言结构模型，即**转换**模型（transformational model），该模型在某些重要方面比直接成分模型（immediate constituent model）更有效，并且确实能自然地解释上述那些句与句之间的关系。我们在仔细地构建转换理论并不加限制地将其运用于英语分析时，会发现这个理论不但可以让我们深刻观察到原本专门计划要去观察的现象，而且还能深刻观察到这些现象以外的大量其他现象。简而言之，我们发现：事实上，形式化（formalization）阐述在上文所议的正面和反面两方面都能发挥作用。

在本项研究的整个过程中，我经常与泽立格·S.哈里斯长时间地讨论，并由此获益。本书以下内容以及构成本书基础的研究中都融入了他的许多想法和建议，我就不逐一说明了。哈里斯对转换结构（transformational structure）的研究，其一开始时的视角就与以下我所采取的转换结构视角有所不同，本书参考文献的第15、16和19条对他的转换研究有具体说明（第156页）。本项研究的进程也深受纳尔逊·古德曼（Nelson Goodman）和W. V. 蒯因（W. V. Quine）的研究工作的影响，或许其影响方式不如哈里斯的那么明显。我与莫里斯·哈利详细讨论过本书的大部分内容，其评论和建议使我受益匪浅。埃里克·勒纳伯格、伊斯雷尔·谢夫勒（Israel Scheffler）和叶霍舒亚·巴-希勒尔（Yehoshua Bar-Hillel）都赐读过本书较早的稿本，在形式和内容上都提出了许多宝贵批评和建议。

下文尽管只勾勒了转换理论和英语转换结构研究的框架，却也为诸多讨论奠定了基础。这项研究主要是在1951—1955年间完成的，那时我是哈佛大学研究员学会初级研究员。学会为我提供了从事本项研究的便利，谨致谢忱！

本项研究的部分工作是由美国陆军（通信兵团）、空军（科学研究署、航空研发部）以及海军（海军研究署）资助的，一部分则由国家科学基金会和柯达公司资助。[①]

诺姆·乔姆斯基（Noam Chomsky）
马萨诸塞州剑桥市
麻省理工学院现代语言学系及电子研究实验室
1956年8月1日

[①] 所提及机构的英文名称分别为: the U.S.A. Army（Signal Corps）, the Air Force（Office of Scientific Research, Air Research and Development Command）, the Navy（Office of Naval Research）, the National Science Foundation, the Eastman Kodak Corporation。——译者

# 1 引言

句法学研究特定语言组构句子的原则和方法。考察某一特定语言的句法，其目的是构建一部语法，这部语法可视为某种装置，该装置能产出被分析的语言里的句子。从更具普遍意义的角度说，语言学家必须关注如何确定成功语法的根本属性的问题。这些研究的最终成果应该是这样一个语言结构理论：在该理论中，用于特定语法体系的描写装置是以抽象的方式呈现并加以研究的，并非专门针对具体语言。该理论的一个功能是，基于每种语言的句库，提出一套用于为该语言选择语法的普遍方法。

语言理论中的核心概念是"语言层面"（linguistic level）这一概念。像音位层、形态层、短语结构层这样的语言层面，从根本上说是用于构建语法系统的描写装置的集合（set），它构成了一定的话语表达方法。我们可以通过以下方法确定语言理论是否充分：严格而又精确地建立语法形式，该语法形式与包含在这一理论内部的语言层面的集合相符，然后考察是否有可能为自然语言构建这种形式的简单而明晰的语法。我们将用这一方式研究语言结构的几个不同概念，考虑一系列复杂度逐次递增的语言层面，这些语言层面复杂度的递增与越来越有效的语法描写模式相对应。如果要提供一部令人满意的语法，确切地说是一部令人满意的英语语法，那么我们将力图说明语言理论至少必须包含这些层面。末了，我们还想指出：这种对语言结构的纯形式考察对语义研究也会有某些富有意义的启发。①

---

① 此处提到本项研究的具体定位，其动机将在 §6 讨论。

2 语法的独立性

2.1 从现在开始，我们将把**语言**（language）看成句子的（有限或无限）集合，每个句子的长度有限，由句子成分的有限集合组构而成。所有口语或书面语形式的自然语言都是这个意义上的语言，因为每一种自然语言都有有限数的音位（或字母表里的字母），并且每个句子都可以表征为这些音位（或字母）的有限序列，尽管句子是无限多的。同样，数学上某些形式化系统的"句子"集合也可以认为是一种语言。对语言 L 进行语言分析的基本目的是：区分能构成语言 L 句子的**合语法**（grammatical）序列和不能构成语言 L 句子的**不合语法**（ungrammatical）序列，然后研究合语法序列的结构。因此语言 L 的语法就是一个生成语言 L 所有合语法序列，而不生成任何不合语法序列的装置。检验一部为语言 L 推出的语法是否充分的方法之一是确定其所生成的序列实际上是否合语法，即对母语者来说是否可接受，等等。我们可以采取某些步骤以提供功能方面的判别标准，以此来判定是否合语法，这样也就可以对一部语法是否充分进行检验了。当然，为了便于这里的讨论，不妨以英语为例，假定我们根据直觉可以知道英语句子是否合语法，并问：哪种类型的语法能以一种有效的、富于启发的方式产出这些合语法句？这样我们就面临一个老问题，那就是要清楚地说明某个与直觉有关的概念，在此就是"在英语里合语法"这个概念，或者推而广之，便是"合语法"这一概念。

请注意，为了使语法目标的确立富有意义，只需确定"句子"和"非句子"（nonsentence）的部分知识就够了。就是说，为这里的讨论起见，我们可以假定某些音位序列肯定是句子，而某些其他音位序列肯定是非句子；当一部语法以最简便的方式建立起来了，它就包括显而易见的句子，排除显而易见的非句子，这时候我们就准备让语法自身去决定许多处于中间状态的情况。这是清晰地说明问题时的一个特点，是我们所熟悉的。① 那么，有了一定数量的清楚句例②，我们就可以得到一个用来判断任何特定语法是否充分的标准。就单一语言孤立地看，要检验语法是否充分，该标准的作用并不大，因为许多不同语法系统都可以很恰当地处理好这些清楚句例。然而，假如我们坚持做到运用以相同方法构建的语法适当地处理**每一种**语言里的清楚句例，那么这就普遍化了，条件相当严格。就是说，由一种已确立的语言理论事先为所有语法确定好了描写方法，每一部语法即以这种方法与该语法所描写

---

① 譬如可参阅 N. Goodman, *The Structure of Appearance*, Cambridge, 1951, pp. 5—6。请注意，为实现语法的目标，假定有了语言理论，那么只需要有关于某语言的句子（即语料）的部分知识就够了，因为，语言理论会将清楚观察所得句的集合与合语法句的集合之间的关系，即它将根据"观察所得句"、观察所得句的某些属性、语法的某些属性来确定"合语法句"。用蒯因的表述就是，一种语言理论将一般性地说明语言里"可能"有什么，这样说明的基础是"语言里**有什么**，外加法则的**简明性**，我们依靠这种简明的法则去描写和推测（语言里）会有什么"。（W. V. Quine, *From a Logical Point of View*, Cambridge, 1953, p. 54）参阅 §6.1。

② "清楚句例"指话语材料是句子还是非句子的情况是清楚明了的。——译者

2 语法的独立性

的语言里的句子语料相关联。由此，我们对语言理论充分与否的检验便是十分严格的，这一语言理论尝试依据"观察所得句"从普遍意义上解释"合语法句"这一概念，并从普遍意义上解释根据这种理论构建的语法集。再进一步说，这是一个合理的要求，因为我们不仅仅对具体语言感兴趣，而且对语言的普遍性质也感兴趣。关于这个至关重要的话题，可说的话还很多，但是那样可能扯得太远。请参阅§6。

2.2 我们在实践中是依据什么来着手区分合语法序列与不合语法序列的呢？在此我无意于对这个问题提供完整、全面的答案（参阅§§6、7①），不过倒是想指出：某些马上就可以想到的答案可能并不正确。②

第一，一个合语法句的集合和语言学家在田野调查工作中得到的任何具体话语语料显然不完全一样。一门语言的任何语法都会把数量有限和多少有些偶发性质的观察所获话语语料**投射**到一个（权且假定为无限的）合语法话语集上。③ 在这一点上，一部语法反映了说话人的行为，该说话人以有限的、偶发的语言经验为基础就能说出或理解数目无穷无尽的新句子。的确，对"在语言 L 里合语法"这个概念的任何阐释（即依据"观察所得的语言

---

① 原文是"§§6.7"，有误，应为"§§6，7"，即指的是第 6 章和第 7 章。第 1 版最早印本（1957）无误。——译者

② 以下由"第一"引出的一段话在原文里是紧跟在这句话后面的，没有作为一个独立段落，这里为了更清楚地显示其与分别独立成段的"第二……""第三……"的层次关系，将其独立出来作为一自然段。——译者

③ 即语法可以用有限数目的实际出现话语推演出无限数目的可能出现的话语。——译者

L 的话语"清楚地描述"在语言 L 里合语法"的情况）都可以被认为是为语言行为中的这一基本方面提供解释。

2.3 第二，"合语法"这个概念跟任何语义学意义上的"有含义"（meaningful）或"有意义"（significant）都不等同。句子（1）和（2）同样是无意义的（nonsensical），但是任何操英语者都可以辨析出只有前一个是合语法的。

(1) Colorless green ideas sleep furiously.

(2) Furiously sleep ideas green colorless.

同样，在语义上也没有理由取句子（3）舍（5）或者取（4）舍（6），但是在英语里只有（3）和（4）是合语法句。

(3) have you a book on modern music?

(4) the book seems interesting.

(5) read you a book on modern music?

(6) the child seems sleeping.

这些例子表明，若想找到基于语义的"合语法（性）"的定义，任何努力都是徒劳的。事实上，在§7 中我们将看到，有深层结构上的理由把句子（3）（4）与（5）（6）区别开来。然而，在为这些事实找到解释以前，我们将不得不推进句法结构理论，使之大大超出我们通常熟悉的范围。

2.4 第三，"合英语语法"这个概念无论如何也不能跟"英语高阶统计近似值"（high order of statistical approximation of English）这个概念等同起来。可以合理地假设，英语话语中从来没有过句子（1）（2）（当然也从未有过其中任何一部分）。因此用任何统计模型来衡量其是否合语法，这两个句子都会被剔除出去,理由是一样的:都离英语很"遥远"。然而,句(1)虽是无意义的,但是合语法的,而句(2)却不合语法。面对这两个句子,一个操英语者会用正常的语调念出句(1),而念句(2)时会在每个词语上面都念降调,事实上,这一语调型式恰恰是用于无关联词语的序列上的。他把句(2)的每一个词语都当作独立的短语来对待。同样,他回忆句(1)比回忆句(2)容易得多,学习句(1)也快得多,等等。但是,在实际话语中他可能从来没有听见或看见这两个句子里的任何一对词语在一起搭配。举另一个例子吧,在"I saw a fragile—"的语境里,"whale"和"of"这两个词在说话人过去的语言经验里的出现频率可能是相同的(即为零),但他立刻会辨识出这两个替换词里有一个能形成合语法句,而另一个不可以。像(1)这样的句子"有可能"在某种相当勉强的上下文里说出来,而(2)这样的句子永不会出现,但是我们肯定不能求助于这一事实(来解释为何句(1)合语法而句(2)不合语法),因为我们感兴趣的正是确定区分句(1)和句(2)的依据。[①]

[①] 乔氏的意思是,"I saw a fragile whale"和"I saw a fragile of"这两个"句子"的实际出现频率可能都是零,但是前一句是合语法的,而后一句是不合语法的,因此是否合语法不取决于(潜在的)出现频率,尽管有人根据语感可能觉得前一句有很微弱的出现可能性,而后者连最微弱的出现可能性都没有,但也不能拿这一点来作为前句合语法而后句不合语法的理由。总之,不应从(潜在的)出现频率上寻找是否合语法的证据或理由。人们为什么能辨析二者的区别即为何能确定前者合语法、后者不合语法呢?乔氏认为得另找原因(即此处所说的依据),他在这里称这一原因正是他有兴趣要寻找的,但此处和此书没有直接、明确地说明原因是什么。后来他的《句法理论的若干问题》明确提出了人类具有与生俱来的语言能力(competence)的思想以及普遍语法理论,可以说在某种程度上为此处提出的问题提供了答案。——译者

显然，一个人说出和辨认合语法话语的能力并不是以统计近似值之类的概念为基础。人们习惯把"可出现"或"可能"的句子称为合语法句，这造成了这方面的一部分混乱。很自然，人们把"可能的"的意思理解为"概率高的"，并以为语言学家之所以要截然区分合语法和不合语法[①]，是因为语言学家们觉得语言"现实"过于复杂，因而无法全面描写，他们只好满足于撮要简述的表达形式，"用'**不可能的**'代替零概率和一切低概率，用'**可能的**'代替一切较高的概率"[②]。[③] 然而，我们知道：这种想法是很不正确的，不能把结构分析理解为是通过把整个统计图里模糊不清的边界清晰地描画而得到的扼要概括。如果根据接近英语的统计近似值的等级把一定长度的序列排个序，我们会发现在整个统计表中合语法的序列和不合语法的序列是无规则地杂乱分布的。如此看来，在统计上的近似值的排序与是否合语法并无特定联系。虽说语言的语义研究和统计研究有不可否认的好处和重要性，但是这些研究并不直接关系到如何确定和描述合语法话语集这个问题。我想我们不得不得出这样的结论：语法是自主的，独立于语义之外；概率模型并不能为透彻了解句法结构的一些基本

---

① 我们在下文中将提到：为了有利于建立合语法性层级（level of grammaticalness）的概念，可以调整这种截然区分的做法；但是这与此处所讨论的内容无关。这样说来，句（1）和句（2）将处在不同的合语法性层级上，尽管与句（3）、句（4）之类相比较，（1）又属于更低的等级；然而，（1）和（2）在统计上与英语的差距也还是属于同一个层级。情况相同的成对语料数不胜数。

② C. F. Hockett, *A manual of phonology*（Baltimore, 1955）, p. 10.

③ 即根本没有出现过或者出现次数非常少的是不合语法句，出现次数多的是合语法句。——译者

2 语法的独立性

问题发挥特殊的作用。①

---

① 在§§8、9里我们回头再讨论语义和句法的关系问题。在那里我们指出，只有独立地考察了句法结构、以此为基础确定了句法结构以后才能研究这一关系。我想在很大程度上语言的句法研究和统计研究的关系也是如此。确定了一种语言的语法，人们才能用各种方法从统计学角度研究语言的使用情况，语言使用的概率模型（这不同于语言的句法结构）的拓展应用才能够取得很好的效果。参阅 B. Mandelbrot, "Structure formelle des textes et communication: deux études," *Word* 10. 1—27（1954）; H. A. Simon, "On a class of skew distribution function," *Biometrika* 42.425—440（1955）。

人们可能会在统计学和句法结构之间寻求比我们所抛弃的简单近似值等级模型更确切些的关系。我当然无意于主张此类关系是无法想象的，但也知道尚无任何迹象表明对此类关系的研究没有明显缺陷。特别要注意的是，就任何 n 而言，我们可以找出一个语符串，n 语词先可以在合语法句 S_1 里作为开头出现，后来 n 语词又可以作为末尾出现在某合语法句 S_2 里，但是 S_1 与 S_2 一定是不一样的。例如，请考虑"the man who ... are here"这一形式的序列，其中的"..."可以是一个任意长度的动词短语。也请注意：我们可以有新的却一定是合语法的词类序列，譬如在"I saw a—house"的语境里，我们可以使用比此前出现过的任何形容词都长一些的序列。企图依据句型出现频率、词类序列的接近值等级等等来解释诸如（1）（2）那样的合语法与不合语法的区别，各种这样的尝试都会与许多此类事实有冲突。[此段话里第一个例句系作者设想的组合偏误句。——译者]

3 一个初级的语言理论

3.1 假设要提供英语合语法句的集合，我们现在要问：有什么手段可以产出这个集合？（等于要问：一种什么理论能对此话语集的结构做出充分的解释？）我们可以把这个话语集的每一个句子都看成有限定长度的音位序列（sequence of phonemes）。一种语言就是一个极其复杂的系统，显而易见的是：任何想直接呈现合语法音位序列集合的企图都会导致一部语法复杂到实际上无法应用。由于这一原因（此为诸多原因之一），语言描写便借助一个"表征层面"（levels of representations）系统来进行。语言学家不是直接描述句子的音位结构，而是设立诸如语素这种"较高层面"的单位，然后分别描述句子的语素结构和语素的音位结构。显而易见的是，把这两个层面连接起来进行描写比之于直接描写句子音位结构要简便得多。

现在我们来考虑一下描写句子的语素结构的各种办法。我们要问：需要有一种什么样的语法来生成所有能构成、且只构成合语法的英语句子的语素（或词语）序列呢？

语法肯定要满足一个要求：它必须是有限的。由此，语法不能只是枚举全部语素（或词语）序列，因为这些序列多得不计其数。一个大家熟知的基于通信理论的语言模型为这个难题提供了一条出路。假定有一台机器包含不同的内部有限数状态并可以处于这些状态中的任何一个状态,又假定这台机器通过发出一个信号(譬如一个英语词)从一个状态转化到另一个状态。这些状态当中有一个是**起始状态**(initial state),有一个是**终极状态**(final state)。再假定机器从起始状态开始,经历整个状态序列(每次过渡都产生一个词),在终极状态终止。那么我们就把产生出来的词的序列叫作"句子"。因此每一台这样的机器都确定某种语言,即确定能用此方式产出的句子集。任何可以通过此类机器产生的语言我们都称其为**有限状态语言**(finite state language),我们把该机器本身称为**有限状态语法**(finite state grammar)。有限状态语法可以用"状态图"(state diagram)的形式表示出来。[①] 例如,仅造出"the man comes"和"the men come"两个句子的语法可以用下列状态图表示:

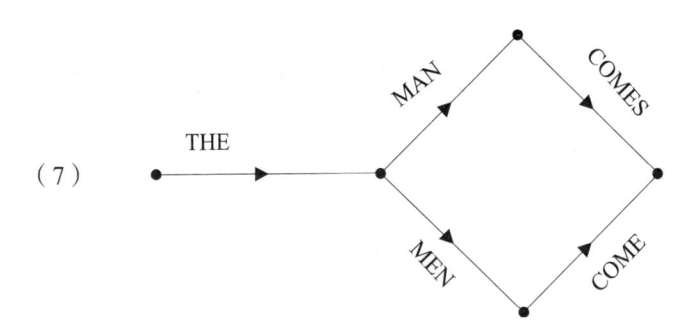

(7)

我们可以给这部语法增添封闭环(closed loop),扩展这部语法,

---

① C. E. Shannon and W. Weaver, *The mathematical theory of communication* (Urbana, 1949), pp. 15f.

使之可以造出数目无限的句子。由此,在上述句子之外,还可包括"the old man comes""the old old man comes""the old men come"和"the old old men come"等句子,这样的一部局部英语有限状态语法可以用下面的状态图表示:

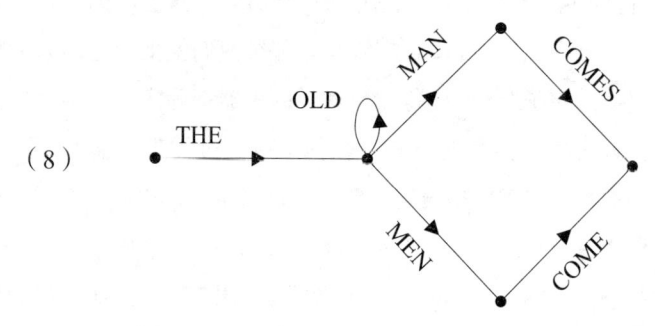

(8)

有了状态图,我们就沿着左边起始点向右边的结束点之间的路径造出句子,总是顺着箭号的方向前进。到达状态图中的某个点之后,我们可以沿着由此点发出的任何一条线路前行,而不管在组构该句的过程中此前是否走过这条线路。这样的话,状态图里的每一个节点(node)都对应于那台机器的一个状态。我们可以允许以若干种途径从一个状态过渡到另一个状态,也可以任意设定封闭环的数目,长度也不受限。以这种方式造句的机器在数学上被称为"有限状态马尔可夫过程"(finite state Markov processes)。为了完成这个由初级通信理论建立的语言模型,我们为每一次状态之间的过渡指派一个概率。然后我们可以计算出与每个状态相关联的"不确定性",并可以用与状态相关联的概率加权,把语言的"信息内容"定义为平均不确定性。由于我们正在研究的是语言的语法结构而不是其统计结构,这种概括与我们无关。

这一关于语言的想法极其有效且具有普遍性。假如能采用这一想法，我们就能把说话人从根本上看成上述类型的机器。造一个句子时，说话人从起始状态出发，产出句子的第一个词，随之转换到第二个状态，该状态限制了第二个词的选择范围，等等。他所经过的每一个状态都呈现出语法限制条件（grammatical restriction），这些限制条件在话语的过渡点上限制了下一个词的选择范围。[①]

这一语言观具有普遍意义，对诸如通信理论这样的一些相关学科有应用价值，有鉴于此，我们要做的一件重要事情就是：考察一下采用这种观点研究某一语言（如英语）或数学形式化系统的句法，看看会有什么样的结果。正如读者自己很容易就能相信的，任何想为英语提供一部有限状态语法的尝试都会在刚开始时就遭遇很大的麻烦和复杂的情况。然而，无须举例说明这一点了，这样说是考虑到下面关于英语的更具概括性的评价：

（9）英语不是有限状态语言。

就是说，要构建一部上述类型的装置（如（7）或（8）那样的状态图）来生成全部且只合语法的英语句子，这不但是困难的，而且是**不可能**的。为了证明（9），有必要更精确地确定英语句法的特性。接下来我们将描写英语的某些句法特性，这些特性表明：一旦为该语言的句子集合确定了任何合理界限，那么（9）就可以被视为有关英语的一条定理（theorem）。回到§3第二段提出的问

---

① 这基本上就是霍凯特（Hockett）在《音系学手册》（*A manual of phonology*, 02, Baltimore, 1955）里阐述的语言模型。

题，（9）确认了：不可能通过状态图那样的一些手段直接说明句子的语素结构，上文简要描述的马尔可夫过程语言观是不可接受的，至少对以语法为目的的研究是不可接受的。

3.2　语言是通过给出其"字母表"（即用以组构该语言句子的有限符号集）及合语法句来定义的。在直接考察英语之前，不妨让我们考虑一下几种语言，这些语言的字母表只包含 a、b 两个字母，其句子如（10i—iii）所定义：

（10）（i）　*ab, aabb, aaabbb, ...*，总之，全部句子包含的是出现 n 次的 a 和后面跟着出现 n 次的 b，且只有这些形式。

　　　（ii）　*aa, bb, abba, baab, aaaa, bbbb, aabbaa, abbbba, ...*，总之，全部句子都包括一个 X 语符串（string），后面跟着该 X 的"镜像"（即反过来的 X），且只有这些形式。

　　　（iii）　*aa, bb, abab, baba, aaaa, bbbb, aabaab, abbabb, ...*，总之，全部句子都包含由若干 a 和若干 b 组成的 X 语符串，后面跟着一个相同的 X 语符串，且只有这些形式。

我们可以很轻松地说明这三种语言的任何一种都不是有限状态语言。同样，与（10）类似的语言，其 a 和 b 不是连续不断的，而是嵌入到其他语符串当中的，在相当普遍的条件下将不会成为有限状态语言。[①]

[①] 对这些情况的说明以及关于（9）的证据，见 N. Chomsky, "Three models for the description of language," *I.R.E. Transactions on Information Theory*, vol. IT-2, Proceedings of the symposium on information theory, Sept., 1956。特别值得注意的是，由于成对的括号和对等限制，所有形式化的数理或逻辑系统的合格公式集都不能构成有限状态语言。

不过，英语在局部范围内显然有（10i）（10ii）这样的基本形式。假定 S_1、S_2、S_3……为英语陈述句，那么我们可以有这样一些英语句子：

(11)(i) If S_1, then S_2.
(ii) Either S_3, or S_4.
(iii) The man who said that S_5, is arriving today.

（11i）里的"then"不能用"or"替代，（11ii）的"or"不能用"then"替代，（11iii）里的 is 不能用 are 替代。这几种情况下，逗号前后相对的词语之间（即"if"-"then"，"either"-"or"，"man"-"is"）都有互为依存的关系。可是，在每一种情况下，互为依存的词语之间都可以插入一个陈述句 S_1、S_3、S_5，而且该陈述句实际上可以是（11i—iii）里的一句。于是，假如我们在（11i）里用（11ii）充当 S_1，用（11iii）充当 S_3，就可以得到这个句子：

(12) if, either(11iii), or S_4, then S_2.

（11iii）里的 S_5 又可以是（11）各句里的一句。那么，显然，我们就可以在英语里找到一个序列 $a + S_1 + b$，其中 a、b 之间存在依存关系，我们可以选择另一个包含 $c + S_2 + d$ 的序列充当 S_1，在此序列中 c、d 之间有依存关系，然后选择此类形式的另一个序列充当 S_2，等等。以这种方式构组的一个句子集（由（11）我们可看出这种造句方式有各种可能性，而（11）根本没有穷尽这些可能性）具有（10ii）的全部镜像特征，而这些特征把（10ii）从有限状态语言中排除了。于是我们可以在英语里找到各式各样的非有限状态模型（non-finite state model）。这大致指出了一些方法，假定（11）和（12）这样的句子属于英语句子，而与（11）

所列举的依存关系不一致的句子（例如"either S_1, then S_2"等）不属于英语句子，就可以按照这些方法为（9）提供严密的证明。请注意，许多像（12）等形式的句子是很陌生和特殊的（经常可以通过用"whenever""on the assumption that""if it is the case that"等代替"if"来减少对它们的陌生感，这并不会实质上改变我们的这个说法）。然而，这些句子都是合语法的，其句子结构的形成过程是很简单和最基本的，哪怕最初步的英语语法也会包含这些过程。这些句子是可以理解的，我们甚至可以相当简略地说明这些句子在什么条件下是正确的。很难想象人们可能会有什么动机把这些句子从英语合语法句的集合里排除出去。因此，情况已显得很清楚：单是以马尔可夫过程或类似模型建立起来的语法结构理论，不能解释或说明操英语的说话人为何会有能力说出和理解新的话语，同时又能排除不属于该语言的其他新（话语）序列。

3.3 我们固然可以硬性地规定：眼下正在讨论的英语句子组句方法的运用不得超过 n 次，n 是个固定数。例如，可以把英语（全部）句子的长度控制在一百万个词以内，这肯定会使得英语成为一门有限状态语言。然而，这种硬性的限制没有什么用处。这里的问题是，某些造句过程是有限状态语法在本质上没有办法处理的。如果造句过程没有限度，就可以证明这一初级理论实际上不能应用；如果造句过程有限度，那么创建一部有限状态语法并非根本不可能，因为可以把句子罗列在一张表上，而一张表实质上就是一部比较琐碎的有限状态语法。可是，这种语法将会异常复杂，以致没有什么用处，也没什么意义。一般地，人们假定语言是无限的，目的是为了简化对这些语言的描写。如果一部语法没有递归性装置（recursive device）（就像（8）里的有限状态语法的封闭环），那么它会极其复杂，是不可行的。如果语法有了某种类型的递归性装置，那么它就可以产生无限多的句子。

简而言之，根据从左到右产出句子的有限状态马尔可夫过程，我们提出了分析"合语法性"问题的方法，该方法肯定跟§2所抛弃的方案一样，看来会走进死胡同。假如这种类型的语法能产出全部英语句子，那么它也会产出许多的"非句子"。假如该语法只产出英语句子，那我们可以肯定：会有无数的真句、假句以及合理问句等等是这部语法根本生成不了的。

我们刚刚抛弃的这种语法理念以某种方式提出了一个值得认真考虑的最简语言理论（the minimal linguistic theory）。一部有限状态语法就是最简单的一种语法，它以数量有限的配置，可以生成无限数量的句子。我们已看出这样一种有限制的语言理论并不充分，因而被迫去寻找某种更为有效力的语法和更为"抽象"的语言理论形式。我们在本章一开始提出的"语言的表征层面"这个概念必须加以修改和详细阐述。至少有一个语言层面的结构**不能这么简单**。这就是说，在某个语言层面不应出现这种情况：每个句子都可以简单地表征为某种类型的有限成分序列，由某种简单装置从左到右地生成。那么也可以换一条思路，我们切不可寄希望于找到这样一个语言层面的**有限**集合：该集合从高到低排序，这样的构造使我们能生成全部话语，其办法是，说明最高层面的结构成分能允许出现哪些序列，再根据第二层面的结构成分来说明最高层面每一个成分的构成情况，照此往下类推，最后说明倒数第二层面结构成分的音位构成情况。① 在 §3 的开头，我们就提议以这种方式建立起各语言层面，目的是**简化**对这个合语法音位序列集的描写。如果一门语言可以依据单一语言层面（即假设其为有限状态语言）用初级的、自左而右的方式进行描写，那么这种描写确实可以通过此类较高语言层面的组构得到简化。然而，想要生成像英语这样的非有限状态语言，我们还需要一些根本不同的方法以及更具普遍意义的"语言层面"的概念。

---

① 第三个备用办法或许是保留语言层面的思路，将语言层面作为简单的线性表征方法，但该方法用一种比马尔可夫过程更有效些的手段从左到右生成至少一个这样的语言层面。这种基于从左到右生成的语言层面概念描写起来很烦琐，又缺乏解释力（参阅 §8），有太多的困难，因此想进一步探求这一方法显得没有意义。以下我们要讨论的诸语法体系不是从左到右生成语句，它们所对应的处理过程也不像有限状态马尔可夫过程那么初浅。但是，与那种用来直接从左到右生成英语的手段相比，它们或许生成力度要弱一些。关于此问题更深入的讨论，请参阅我的《语言描写的三个模型》。

4 短语结构

4.1 习惯上,句法层面的语言描写是通过句子成分分析(析句)进行处理的。现在我们不妨要问:要进行这种描写,需要预先设定一种什么形式的语法?我们发现新形式的语法**本质**上比上文所摒弃的有限状态语法更有效力,相关的"语言层面"的概念跟有限状态语法在基本方面不一样。

举个与句子成分分析法相关的新形式语法的简单例子,且看下面:

(13)(i) $Sentence \rightarrow NP + VP$
 (ii) $NP \rightarrow T + N$
 (iii) $VP \rightarrow Verb + NP$
 (iv) $T \rightarrow the$
 (v) $N \rightarrow man, ball,$ 等等
 (vi) $Verb \rightarrow hit, took,$ 等等

假定我们把(13)里每一条"$X \rightarrow Y$"规则解释为"把 X 重写为 Y"的指令[①],那么我们就要把(14)称为"the man hit the ball"这个句子的**推导式**(derivation)。推导式每行右边的数字标明从上

---

① "重写"的原文为"rewrite",也译为"改写","重写"为计算机科学和自然语言处理中的习惯用法。——译者

一行组构这一行所运用的"语法"(13)的规则。①

(14) Sentence
  NP + VP   (i)
  T + N + VP   (ii)
  T + N + Verb + NP   (iii)
  the + N + Verb + NP   (iv)
  the + man + Verb + NP   (v)
  the + man + hit + NP   (vi)
  the + man + hit + T + N   (ii)
  the + man + hit + the + N   (iv)
  the + man + hit + the + ball   (v)

由此，根据(13)的规则(i)把 Sentence 重写为 NP + VP，(14)的第二行便从第一行那里得以形成；根据(13)的规则(ii)把 NP 重写为 T + N，(14)的第三行便从第二行那里得以形

---

① 下文将经常提及带编号的英语语法规则，这些规则在 §12 即附录二里有汇总，并有适当的排序。我们讨论英语结构的整个过程中所使用的术语符号，在 §11 即附录一里有说明。

哈伍德（Harwood）在其《公理句法学：句法演算的建立与评价》("Axiomatic syntax: the construction and evaluation of a syntactic calculus," *Language* 31.409—414, 1955) 里描写了一种词类分析系统，该系统在形式上跟下文要展开介绍的用于短语结构的系统相似。他描写的系统恐怕只涉及(13)—(15)所讨论的例子中的 T + N + Verb + T + N 和 the + man + hit + the + ball 之间的关系，即该语法包含"起始语符串" T + N + Verb + T + N 以及(13iv—vi)那样的规则。那么这个系统会比我们在 §3 讨论的初级理论要弱些，因为它不能用一部有限语法生成一种无限的语言。哈伍德在进行形式说明时（第 409—411 页）只涉及词类分析，而当其应用于语言中的时候（第 412 页），就属于直接成分分析的情况，其词类 Ci... m 大概被当成是词类序列的类。[原文"i"和"m"之间的省略号为两个点，这里改为三个点。——译者] 然而，这一扩展的应用与其形式上的解说不大吻合。例如，他提出了一些标准，用于检验其方法的适应性之优势，在进行这一形式主义的重新解读时这些标准没有一条是无须修改就可以管用的。

成，由此类推。我们还可以通过下图把推导式（14）清晰地表示出来：

（15）
```
              Sentence
             ／      ＼
           NP          VP
          ／＼        ／＼
         T   N     Verb   NP
         │   │     │     ／＼
        the  man   hit   T   N
                        │   │
                       the  ball
```

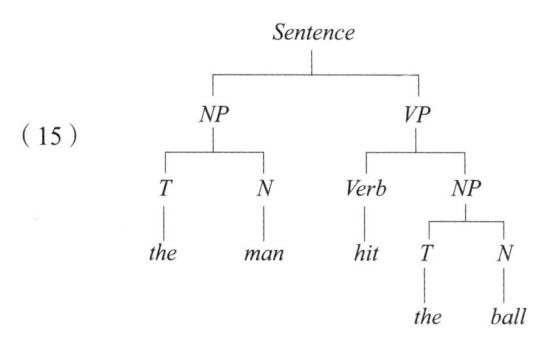

图（15）比推导式（14）传递的信息少些，因为它未告诉我们这些规则在（14）里应用时是以什么顺序排列的。有了（14），我们就能构建（15），且别无他途；但是反过来不可以，因为有可能依据不同于（14）的顺序使用这些规则，构成一个能简化为（15）的推导式。图（15）只保留了（14）里最基本的东西，用来确定导出句（derived sentence）①"the man hit the ball"的短语结构（成分分析）。如果我们在（15）里能把词语序列追溯到单一的源点上，并将此单一的源点标为 Z，那么这句话的词语序列就是 Z 型组构成分。这样的话，"hit the ball"可以追溯到（15）里的 VP，因而"hit the ball"就是导出句里的 VP。然而"man hit"不能追溯到（15）里的任何单一源点，因此"man hit"根本就不是一个组构成分。

如果两个推导式都能简化为形式（15）的图解，那么我们就

---

① "导出句"指由推导式推导出来的句子。——译者

说这两个推导式是**等同的**（equivalent）。一部语法偶尔可能允准我们为一个已知的句子建立几个并非一致的推导式，在这种情形下，我们说这属于"同音异构"① 现象②；假如我们的语法是正确的，该语言里的这个句子就应该是有歧义的。我们在下文中还会回头讨论同音异构这个重要概念。

对（13）加上一条概括性原则显然是必要的。我们必须做到将一条规则的应用限制在一定的语境里。这样，假如在 T 后面的名词是单数，T 就可以重写为 a；假如它是复数，就不可以这样重写。同样，假如 Verb 前面的名词是 man，Verb 就可以重写为 hits；假如它是 men，就不可以这样重写。总之，如果要将"把 X 重写为 Y"这条重写规则限制在 Z-W 语境，就可以在语法里这样表述该规则：

（16） $Z+X+W \rightarrow Z+Y+W$

举个例子，就动词的单复数情况而言，我们不是在（13）里给出一条附加规则 Verb $\rightarrow$ hits，而是给出：

（17） $NP_{sing}+Verb \rightarrow NP_{sing}+hits$

意思是，Verb 只能在 NP_{sing}-的语境下才重写为 hits。相应地，

---

① 同音异构（constructional homonymity）指同一语言形式（如短语、句子）可以分析出不同的结构关系，这些不同的结构关系在语言的物质外壳上具有相同的语音（音位）形式。词及更小语言单位的同音现象（如同音词）不属于同音异构。——译者

② 有关同音异构现象的例证，见§8.1。要了解更详细的讨论，见我的《语言理论的逻辑结构》（油印本）、《语言描写的三个模型》（上文第40页脚注①）；C. T. Hockett, "Two models of grammatical description," *Linguistic Today, Word* 10.210—233（1954）；R. S. Wells, "Immediate constituents" *Language* 23.81—117（1947）。

（13ii）也得重新表述，要把 NP_{sing} 和 NP_{pl} 包括进去。① 这就使得（13）的概括很直接了。但是，正如（17）所表明的那样，（13）有一个特征必须保留，即：在任何单一规则里，只可重写单个的成分，就是说，在（16）里，X 必须是像 T、Verb 这样的单一符号，而不是像 T + N 这样的组合序列。假如这一条件得不到满足，那么我们就不能像上面做的那样，依据（15）那样的相关形式图解准确地还原导出句的短语结构。

这种语法的形式跟基于成分分析的语言结构理论相关联，现在我们可以更概括地描写这种语法形式了。每一部这样的语法都被规定为：有一个起始语符串的有限集合 Σ 和一个"指令公式"的有限集合 F，此公式的形式为 $X \to Y$，意指"把 X 重写为 Y"。尽管 X 不一定是单一符号，但是只能重写 X 里的单一符号以形成 Y。在语法（13）里，起始语符串的集合 Σ 的唯一成员就是单一符号 Sentence，F 则包含规则（i）—（vi）；但是我们可以将 Σ 延伸，使之包含一些附加符号，如 Declarative Sentence（陈述句）、Interrogative Sentence（疑问句）。有了 [Σ, F] 语法，我们就把**推导式**

---

① 因此，在一部更完整的语法里，（13ii）可以由包括下列内容的一个规则集替代：

$$NP \to \left\{ \begin{array}{c} NP_{sing} \\ NP_{pl} \end{array} \right\}$$

$NP_{sing} \to T + N + \emptyset\ (+ Prepositional\ Phrase)$

$NP_{pl} \to T + N + S\ (+ Prepositional\ Phrase)$

在这里，S 是语素，用于动词表示单数（comes），用于名词表示复数（boys）；Ø[即零形式——译者]也是语素，用于名词表示单数（boy），用于动词表示复数（come）。在整个讨论中我们将全部第一、第二人称略而不提。要对（这种情况下的）名词和动词的数缀（number affix）进行辨认，其有效性实际上是值得怀疑的。[即如果是第一、第二人称，就不必讨论名词和动词的数缀问题。——译者]

定义为一个有限语符串序列，以一个 Σ 起始语符串开头，序列里的每一个语符串都是运用 F 指令公式里的一个公式从前一个语符串推导出来的。由此，(14) 就是一个推导式，构成 (14) 前 5 行的含有 5 个项的语符串序列也是一个推导式。有些推导式是**终极推导式**（terminated derivation），因为它们最后的语符串不能根据 F 规则再重写。据此，(14) 是终极推导式，但构成 (14) 前 5 行的序列不是。如果一个语符串是终极推导式的最后一行，我们就说它是一个**终极语符串**（terminal string）。这样的话，*the + man + hit + the + ball* 就是来自语法 (13) 的终极语符串。某些 [Σ, F] 形式的语法可能没有终极语符串，但是我们感兴趣的只是那些有终极语符串的语法，即那种可以描写某一语言的语法。如果一个语符串的集合是由某种 [Σ, F] 语法生成的终极语符串的集合，那么这一语符串的集合就被称为**终极语言**（terminal language）。因此，每一部这样的语法都确定某种终极语言（或许是不含句子的"空"语言），每一个终极语言都是由某种 [Σ, F] 形式的语法产生的。假如具备了一种终极语言及其语法，我们就能依据 (15) 那种形式的相关图解，构拟该语言每个句子的短语结构（即该语法的每一个终极语符串），正如上文所看到的那样。我们也能依据相关图解以形式化的方法确定这些语言里的各种语法关系。

4.2　在 §3 里，我们讨论了一些被称为"有限状态语言"的语言，这些语言是通过有限状态马尔可夫过程生成的。现在，我们要讨论一些由 [Σ, F] 形式系统生成的终极语言。这两种类型的语言相互有关联，表现如下：

定理：每一种有限状态语言都是一种终极语言，但是有的终

4 短语结构

极语言并不是有限状态语言。[①]

这个定理的重要性在于：依据短语结构语法进行的描写在本质上比依据 §3 所展示的初级理论进行的描写要有效力得多。我们在 §3 中讨论的语言（10i）（10ii）是终极语言的例子，这些终极语言不是有限状态语言。因此，包括全部语符串 ab、$aabb$、$aaabbb$……且只包含这样的语符串的语言（10i）可以通过 [Σ, F] 语法（18）产生。

(18) Σ : Z
      F : $Z \to ab$
          $Z \to aZb$

该语法有一个起始语符串 Z（就像（13）有起始语符串 $Sentence$ 那样）以及两条规则。每一个根据（18）制定出来的终极推导式都以语言（10i）的一个语符串结束，且所有这种语符串都是以此方式产生的，这一点很容易看出来。同样，(10ii) 形式的语言也能用 [Σ, F] 类语法产生，但是（10iii）却不能根据这种语法产生，除非用规则具体指明一些语境方面的限制条件。[②③]

[①] 见我的《语言描写的三个模型》（上文第 40 页脚注①），该文有此定理的证明，还有关于语法相对效力的相关定理提供了证明。

[②] 关于此句话，有两点需要说明。1. 此版（第 2 版）这句译文的原文 "Similarly, language of the form (10ii) can be produced by [Σ, F] grammars (10iii), however, cannot be produced by a grammar of this type, unless the rules embody contextual restrictions." 句子不通，"[Σ, F]grammars" 后应有一个标点符号。第 1 版第 1 次印刷本（1957 年）在此处有一个句号，即 "Similarly, language of the form (10ii) can be produced by [Σ, F] grammars. (10iii), however, cannot be produced by a grammar of this type.", 这样是通顺的，此处的翻译依据第 1 版 1957 年印刷本处理。2. 第 1 版第 1 次印刷本没有 "unless the rules embody contextual restrictions" 这个从句，该从句及脚注③是后来重印时（如 1964 年及以后各次的重印本）加上的，第 2 版此处采用的不是第 1 版最早印本的原句。——译者

[③] 见 N. Chomsky, "On certain formal properties of grammars," *Information and Control* 2.133—167 (1959)。

在 §3 中我们指出过：语言（10i）和（10ii）对应的是英语的局部，因此有限状态马尔可夫过程的模型对英语来说是不够充分的。现在我们看到短语结构模型在此类情况下是够用的。虽然我们尚未验证短语结构模型是否充分，但是已说明：那些肯定不能用有限状态过程模型描写的大部分英语语句都能用短语结构描写出来。

请注意（18）的情况。举个例子，我们可以说，在（10i）的语符串 aaabbb 中，ab 是一个 Z，aabb 是一个 Z，aaabbb 本身也是一个 Z。① 因此这个具体的语符串包含三个"短语"，每一个短语就是一个 Z。这当然是一种非常不足为道的语言，但重要的是，我们要注意到在描写这一语言时引入了一个符号 Z，而这个 Z 不包含在该语言的句子里。这是短语结构的基本事实，它使短语结构具有"抽象"特征。

还要注意的是：在（13）和（18）这两种情况下（正如每一个短语结构系统那样），每一个终极语符串都有许多不同的表征形式。以（13）为例，其终极语符串"the man hit the ball"由语符串 Sentence、NP + VP、T + N + VP 以及（14）里的全部其余各行表征；也可以由 NP + Verb + NP、T + N + hit + NP 那样的语符串表征，这些语符串依（14）的界定可能出现在等同于（14）的其他推导式里。那么，在短语结构层面，语言里的每个句子都由一个语符串的**集合**表征，而不是像在音位层面、语素层面以及词语层面那样仅由单一语符串表征。因此，作为一个语言层面，短语结构具有

---

① 此句中的"是一个"指 §4.1 以图解（15）的方式确定的那种关系。

从根本上说有别于其他层面而又并非微不足道的特征；正如我们在§3最末一个段落所看到的那样，该特征是某种语言层面必须具备的。我们不能在"the man hit the ball"的多种表征形式中建立起等级系统；我们不能将短语结构系统进一步划分为各层面的有限集，从高到低地排列，使每个子层面（sublevel）的每个句子都有一个表征形式。譬如，我们无法对彼此相关的 NP 成分和 VP 成分进行排序。在英语中，名词短语包含在动词短语当中，动词短语包含在名词短语当中。必须把短语结构看成一个单一层面，在此层面上，语言里的每个句子都有一个表征形式的集合。在适当选出的表征形式的若干个集合与（15）那种形式的图解之间有一一对应关系。

4.3 假定我们通过 [Σ, F] 语法可以生成一种语言的全部合语法的语素序列，那么为了完成这部语法，我们必须阐释这些语素的音位结构，以便让这部语法生成该语言的合语法音位序列。但这种对语素的音位结构的阐释（我们可以称之为该语言的**语素音位学**（morphophonemics）①）也可以通过一个形式为"把 X 重写为 Y"的规则集表示出来，如英语中的例子，

(19) (i)　　walk → /wɔk/
　　　(ii)　 take + past → /tuk/
　　　(iii)　hit + past →/hit/
　　　(iv)　 /...D/+ past → /...D/ + /ɪd/（D=/t/ 或 /d/）
　　　(v)　　/...C_unv/+ past → /...C_unv/ + /t/（C_unv 是清辅音）

---

① 又译"形态音位学"。考虑到本书中此术语里的"morpho-"是直接与表示一个语言结构层面的"语素"对应的，我们采用现译。——译者

(vi) *past* → /d/
(vii) *take* → /teyk/
等等

或类似例子。顺便说一句，请注意，必须确定好这些规则的顺序，例如，(ii)必须处于(v)和(vii)之前，否则，我们会为"take"推导出 /teykt/ 这样的过去式[①]。在这些语素音位规则中，我们无须再要求每一条规则只重写一个符号。

现在我们可以通过运用(19)来扩展短语结构推导式，这样就可以得到从起始语符串 *Sentence* 生成音位序列的统一程序。这带来了一种后果：把短语结构这个较高层面跟一些较低层面[②]区分开来显得有些主观臆断。其实，这种划分并非主观臆断。其一，正如我们已看到的，对应于短语结构的 $X \to Y$ 规则的形式特征跟语素音位规则的形式特征不一样，因为在前者的情况下我们要求只有单一的符号才能重写。其二，(19)的规则里出现的各成分可以归入若干层面（例如音位和语素，或者可分为音位、语素音位和语素）的有限集合，而某一层面上的单个成分串是作为句子在该层面上的表征形式与一个句子相关联的（同音现象属例外情况），每个这样的成分串都只表征一个句子，从这个意义上说，这些层面无一不是初级的。可是，在对应于短语结构的规则里出现的成分却不能以此方式划分出较高层面和较低层面。在下文中，我们还会看到，有一个更为重要的理由可以解释我们为何要明确地进行这样的再分层处理，即把短语结构规则归入较高层面，而

[①] 即按常规为"take"推导出过去式"taked"，这显然是错误的。——译者
[②] 较低层面指音位、语素结构等。——译者

把将语素串转化为音位串的规则归入较低层面。

研究短语结构系统的这种形式特性很有趣，而且不难表明对语法形式的进一步阐述是必要且可能的。那么，确定好了 F 规则集的先后顺序，某些规则就只能在其他一些规则应用之后才应用，这样做很有好处，这一点是显而易见的。譬如，我们当然应该先应用（17）这类形式的全部规则，然后才应用能使我们把 NP 重写成 NP + Preposition + NP 的任何规则或类似规则。不然的话，这种语法就会产生诸如 "the men near the truck begins work at eight" 之类的"非句子"[①]。但是，这种阐述导致了一些问题，这些问题超出了我们这项研究的范围。

[①] 这个句子的主语是复数形式，而谓语动词"begins"违反了英语里只有第三人称的现在时动词才能带"s"的语法规则。——译者

5 短语结构描写的局限

5.1 我们已经讨论了语言结构的两种模型：一种是基于马尔可夫过程的通信理论模型，从一定意义上说，该模型相当于最简语言理论；另一种是基于直接成分分析法的短语结构模型。我们已经看出，就语法目标而言，第一种肯定是不充分的，第二种比第一种更有效力，不会在同一方面栽跟头。当然，有些（一般意义上的）语言不能以短语结构的方式进行描写，但是我不知道这种分析法用于英语本身是否真的鞭长莫及。不过，我倒是认为有其他一些理由能够证明：应当放弃用短语结构语法来达到描写语言的目的，因为这一理论并不充分。

要证明一种语言理论不充分，可能最有力的做法是证明它确实不能应用于某种自然语言。有一种稍弱些但完全足以证明其不充分性的做法是证明这种理论运用起来着实很不方便，即证明根据这一理论构建的任何语法都极其复杂、随机性很大且含混不清；证明某些很简单的描写合语法句的方法不适应这种语法的相关形式；证明该理论不能利用自然语言里的某些基本形式特征来简化语法。我们可以收集到大量此类证据来支持这一论点：以上描述的语法形式以及构成其基础的语言理论观从根本上说是不充分的。

5 短语结构描写的局限

检验我们目前的语法配置是否充分的唯一方法,是尝试将其直接应用于英语句子的描写。一旦考虑最简类型以外的任何句子,尤其是当我们试图为产生这些句子的规则确定先后顺序的时候,我们发现自己会遇上非常多的困难和纷繁复杂的情况。要证明这一主张,需要花很大的精力和很多的篇幅,在这里我只能断言,这一点可以令人信服地得以证明。[①] 我不打算在这里做这一相当艰巨而又目标高远的工作,而是仅限于概述几个简单的例子,在这些例子中,[Σ, F] 形式的语法可能有很大的改进空间。在§8 我将提出一种独立的方法,以此证明成分分析法作为描写英语句子结构的一个手段并不充分。

5.2 组成新句子的最能产的程序之一是连接程序(process of conjunction)。假设我们有 $Z+X+W$ 和 $Z+Y+W$ 这两个句子,且假设 X 和 Y 实际上是这两个句子的组构成分[②],那么通常我们可以组构新句子 $Z-X+and+Y-W$。例如,由句子(20a—b)可以组构(21)这一新句子。

(20)(a) the scene – of the movie – was in Chicago
   (b) the scene – of the play – was in Chicago
(21) the scene – of the movie and of the play – was in Chicago

---

① 对此问题的详细分析,见我的《语言理论的逻辑结构》。

② "组构成分"(constituent)这个概念有特定含义,不是指语句里的任何单位或构成成分,而是指有组构关系的单位,在功能上是更高一层语言单位的组成部分,例如"主语+谓语"组合里的"主语"部分和"谓语"部分都是组构成分,例句(20)中的"of the movie""of the play"也是组构成分(定语),但其中的"of the"不是组构成分,接下来的例(22)里的"liner sailed down the"和"tugboat chugged up the"也不是组构成分。——译者

但是，假如 X 和 Y 不是组构成分，我们通常就不能这样做。① 譬方说，不能由（22a—b）组构（23）。

(22)（a） the – liner sailed down the – river
　　　 (b) the – tugboat chugged up the – river

(23) the – liner sailed down the and tugboat chugged up the – river

与此类似的是，假如 X 和 Y 是组构成分，但属于不同类型的组构成分（即在图解（15）里，它们各自有一个单独的来源，而其来源的名目不同），那么通常不能用连接法组成新句子。例如，我们

---

① （21）和（23）是极端的例子，在这两例中有没有可能连接，这是不成问题的。有许多情况却不是这么清楚。例如，很显然，"John enjoyed the book and liked the play"（一个 NP – VP + and + VP 形式的语符串）完全是个好句子，但是许多人会质疑像"John enjoyed and my friend liked the play"（一个 NP + Verb + and + Verb – NP 形式的语符串）这类句子的合语法性。后者的连接是跨成分界限的，远不如拿"John enjoyed the play and my friend liked it"替换它以后那么自然，可是前者却没有很理想的替换形式。一般而言，这样的跨成分界限的连接句也有特殊的音位特征标记，例如额外延长的停顿（在这里所举的例子中，此类停顿是在"liked"和"the"之间），对比重音及对比语调，在快速语流中元音不弱化、辅音不脱落，等等。这些都是平常念不合语法语符串时的标记性特征。描写这种情况的最合理的方式看起来是要采用下列类型的描写法：要通过连接法形成完全合语法的句子，就有必要连接那些单一的组构成分；如果我们连接好几对组构成分，且都是主要组构成分（即图解（15）里处于"高位"的成分），结果产生的句子是"半合语法的"（semi-grammatical）；我们通过连接而打乱成分结构的情况越严重，结果产生的句子就越不合语法。这种描写要求我们将"合语法–不合语法"的二分法加以泛化，发展为"合语法性程度"（degree of grammaticalness）的概念。然而，像"John enjoyed and my friend liked the play"这样的句子，无论我们是决定将其视为不合语法句而排除它们，还是将其视为半合语法句而接受它们，抑或是将其视为只不过是带有特殊音位特征的完全合语法句而接受它们，这对于我们眼下的讨论并没有实质上的意义。不管怎样，它们形成了不同于"John enjoyed the book and liked the play"等句子的一个话语类别，而"John enjoyed the book and liked the play"这样的句子完好地保留了其成分结构。既然在语法中必须指出这种区别，我们的这个结论也就可以站得住脚了：连接法所用的规则一定与成分结构有明显的关系。

5　短语结构描写的局限

不能由（24a—b）组构（25）。

(24)（a）the scene – of the movie – was in Chicago
　　（b）the scene – that I wrote – was in Chicago
(25) the scene – of the movie and that I wrote – was in Chicago

实际上，连接法的可能性为初步确定短语结构提供了最好的标准。假如我们尝试用以下规则所遵循的方式设置组构成分，就可以简化对连接法的描写。

(26)　设 S_1 和 S_2 为两个合语法句，它们的不同仅在于 X 出现在 S_1 中，在对应的位置上 Y 出现于 S_2（即 $S_1=...X...$，$S_2=...Y...$），而 X、Y 各自在 S_1、S_2 中是同类型的组构成分，那么，如果用"$X + and + Y$"替代 S_1 里的 X，结果便形成句子 S_3（即 $S_3=...X + and + Y...$）。

假如我们运用（26）所遵循的方式处置组构成分，哪怕是大致上运用这一方式，那么即使需要在此规则里添加一些限制条件，语法也是大大简化了。就是说，通过对这一规则加上限制条件去说明"and"的分布，这样做比不用这样一条规则而直接说明其分布要更容易些。然而，我们现在面临如下问题：我们不能将规则（26）或任何类似规则跟短语结构语法 [Σ, F] 结合起来，因为这样的语法有某些基本的局限。规则（26）的根本特征是：为了将其运用到句子 S_1 和句子 S_2 以构成新句子 S_3，我们不但必须了解 S_1 和 S_2 的实际形式，而且必须了解它们的成分构造，即我们不仅要知道这两个句子的最终形式，还需要知晓其"推导史"。可是，[Σ, F] 语法的每一条 $X \to Y$ 规则是能够还是不能够应用到一串给定的语符串上，这是由该语符串的实际内容所决定的。该语符串是如何逐渐形成这种形式的问题与此无关。如果该语符串包含作为其子语符串（substring）的 X，那么 $X \to Y$ 规则就可以在该语符串上得到应用；如果不包含这个 X，这一规则就不能用。

我们可以换个说法。[Σ，F] 语法也可以被视为一种很初级的生成句子的操作程序，它不是"从左到右"而是"从上到下"地生成句子。假定我们有如下短语结构语法：

(27)   Σ : *Sentence*
　　　F : $X_1 \to Y_1$
　　　　　$\vdots$
　　　　　$X_n \to Y_n$

那么我们可以把这部语法呈现为一部含有内部有限状态的机器，包括起始状态和终极状态。在起始状态，该语法只能产生 *Sentence* 这个成分，由此移入一个新的状态。然后该语法可以产生任何语符串 Y_i，那么 *Sentence* $\to Y_i$ 就是（27）里 F 的规则之一了，由此又移入一个新状态。假定 Y_i 是语符串"... X_j ..."，那么这台机器就可以通过"应用"规则 $X_j \to Y_j$ 生成语符串"... Y_j ..."。这台机器就是这样从一个状态通向另一状态，一直到最后它产生出终极语符串，这就到了终极状态。该机器由此便产生了 §4 那种意义上的推导式。重要的是，机器的该状态完全是由它自己刚刚产生出来的语符串（即由最后一步推导式）所决定的。更具体地说，该状态是由这个末了产出的语符串所含 F 中左侧成分 X_1 的子集（subset）决定的。不过，规则（26）要求有一个更为有效力的机器，该机器能够"回溯"推导过程中早些时候的语符串，从而可以决定下一步如何推导。

从另一层意义上说，规则（26）实质上也是一条新的规则。这条规则要求参照两个不同的句子 S_1 和 S_2，这是最基本的，但是在 [Σ，F] 类型的语法中，没办法做到同时进行双重参照。规则

(26)与短语结构语法不相容的事实表明:这种形式的语法对英语而言即使不是完全不能适应,也肯定是不充分的,这种不充分性是在上述说服力相对较弱但也足够充分的意味上说的。这一规则带来了语法的大大简化;事实上,它为决定如何配置组构成分提供了最好的标准之一。我们将看到许多其他类似(26)的同样具有普遍意义的规则,这些规则都能起到双重作用。[①]

5.3 在语法(13)里我们只给出了一种分析 *Verb* 这个成分的方法,即重写为 *hit* 那样的动词(见(13vi))。可是,即使动词词根(verbal root)[②]是确定的(譬如 *take*),该成分还可以采用多种其他形式,例如 *takes*、*has + taken*、*will + take*、*has + been + taken*、*is + being + taken* 等等。由此可以看出,考察这些"助动词"(auxiliary verb)对于英语语法的拓展至关重要。假如我们试图把这些短语直接并入一部 [Σ, F] 语法,情况会显得很复杂;尽管这样,当所采取的观察角度与上述的角度很不一样时,我们就会看到这些助动词的表现很有规律,确实是可以描写的。

首先我们来看看以非重读(unstressed)形式出现的助动词,例如,"John *has* read the book"里的"has"就是,而"John *does* read the book"里的"does"则不是。[③]我们可以把下列规则添加到语法(13)上,以此说明陈述句里这些助动词的出现情况:

(28)(i)　　*Verb → Aux + V*

　　(ii)　　*V → hit, take, walk, read,* 等等

---

① "起双重作用"指(像规则(26)那样)能同时参照 S_1 和 S_2。——译者
② 此处的"动词词根"指一般所说的动词原形。——译者
③ 我们在下文 §7.1(45)—(47)会再讨论重读的助动词 do。

$$(\text{iii}) \quad Aux \rightarrow C(M)(have+en)(be+ing)(be+en)$$

$$(\text{iv}) \quad M \rightarrow will, can, may, shall, must$$

$$(29)(\text{i}) \quad C \rightarrow \begin{cases} S \text{ 用于 } NP_{sing}\text{-的语境中} \\ \varnothing \text{ 用于 } NP_{pl}\text{-语境中} \\ past(\text{过去时}) \end{cases} \text{①}$$

(ii) 以 *Af* 代表 *past*、*S*、*∅*、*en*、*ing* 等词缀里的任何一个。② 以 *v* 代表任何 *M*③ 或 *V*,或者代表 *have* 或 *be*(即 *Verb* 短语里的任何非词缀成分(non-affix))。则:

$$Af + v \rightarrow v + Af \#$$

符号 "#" 指的是词的界限。④

(iii) 除了在 *v-Af* 语境中,都以 "#" 号代替 "+" 号。将 "#" 插入到开始和结尾的地方。

我们将(28iii)里的符号解释如下:成分 C 是必须选择的,括号内成分要按照规定的顺序选择,可以一个都不选或选择一个及一个以上。在(29i)里,我们可以根据已给定的语境限制条件将 C 进一步确定为三个语素中的任意一个。作为这些规则应用的一个例子,

---

① 在此我们假定上文(13ii)已采取第 49 页的脚注 ① 或类似的方式得到了扩展。

② "*Af*"表示词缀,是"Affix"的缩略形式,本书里"词缀"的意思是广义的,指动词的语法范畴时、体等在形态上的对应形式,含有形式式和零形式。有动词的过去时标记(即"ed"和不规则的变化形式,乔姆斯基统一用"past"表示)、第三人称单数标记"s"、零形式(现在时的第一、二人称以及第三人称复数形式)、过去分词标记(乔姆斯基采用"en",而不用"ed")、现在分词标记"ing"等。——译者

③ "M"表示"modal verb"(情态动词)。——译者

④ 假如我们对语法理论的阐释更为精细一些,就可以把"+"号解释为词语层面上的连接算符(concatenation operator),把"#"号解释为短语结构层面的连接算符。那么,(29)可以看成是部分地定义了一种映射关系(mapping),所谓映射就是把短语层面上的某些目标(基本上就是图(15)的形式)置换到词语层面的语符串上。更详细的说明,见我的《语言理论的逻辑结构》。

我们以（14）的型式建立一个推导式，省去开头的几个步骤。

（30） the + man + Verb + the + book　　　　　来自（13i—v）
　　　 the + man + Aux + V + the + book　　　　（28i）
　　　 the + man + Aux + read + the + book　　 （28ii）
　　　 the + man + C + have + en + be + ing + read + the +book（28iii）
　　　　　　　　——我们选择成分 C、have +en 和 be +ing
　　　 the + man + S + have + en + be + ing + read + the + book（29i）
　　　 the + man + have +S # be + en # read + ing # the + book（29ii）
　　　　　　　　　　　　　　　　　　　　　——用三次
　　　 # the # man # have + S # be +en # read + ing # the # book #（29iii）

语素音位规则（19）等将把这一推导式的最末一行用音位转写的形式改换为：

（31） the man has been reading the book

所有其他助动词短语（auxiliary verb phrase）也可这样生成。后面我们还会讨论进一步限制这些规则的问题，有了这些限制就可以只生成合语法序列。顺便说一句，请注意语素音位规则还必须包含这样的规则：will + S → will, will + past → would。如果我们重写（28iii），使得要么是 C 要么是 M 被选用上，而不是两者同时被选用，就可以不需要这些规则。当然，现在 would、could、might、should 等形式必须加在（28iv）当中，某些"时态序列"（sequence of tense）的表述就变得更加复杂。到底要采用这些可供替换的分析方法里的哪一种[①]，这对于我们进一步的讨论没有实质的影响[②]。

[①] 原文为："... analysesis iadopted"，显然有误。据1957年版（第1次印刷本），应为"analyses is adopted"。——译者

[②] 原文为 "It is immateral to..."，"immateral"应为"immaterial"。1957年版（第1次印刷本）为 immaterial，无误。——译者

可能有些地方需要有其他的小修改。

请注意，为了把（29i）应用到（30）上，我们得考虑到这一事实：the + man 是一个单数名词短语 NP_{sing}，也就是说，我们不得不在推导式中回溯早先的某一步骤以确定 the + man 的成分结构。（对于规则（29i）和把 NP_{sing} 发展为 the + man 的规则，在安排其顺序时，我们不可能选择让规则（29i）一定处于后者的前边；其原因有多种，有的在下文中会谈到。）由此可知，（29i）就像（26）一样，其性质已超出短语结构语法的初级马尔可夫特征的范围，不能将其编入 [Σ，F]。

规则（29ii）更为严重地违背了 [Σ，F] 语法的要求。它也要求查看成分结构（即推导式的前边的情况），而且我们没有办法运用短语结构方法显示其所要求的颠倒顺序。要注意这条规则在其他方面对该语法倒是有用的，至少当 Af 是 ing 的情况下是如此。因此语素 to 和 ing 在名词短语内发挥着相似的作用，它们都能把动词短语转化为名词短语，例如：

（32） $\left\{\begin{array}{l}\text{to prove that theorem} \\ \text{proving that theorem}\end{array}\right\}$ was difficult.

等等。我们可以利用这一平行关系，对语法（13）增加规则：

（33） $NP \rightarrow \left\{\begin{array}{l}ing \\ to\end{array}\right\} VP$

那么，规则（29ii）就会把 ing + prove + that + theorem 转化为 proving #that + theorem。事实上，对 VP 更详细的分析表明，这种平行关系在此例之外还有更广泛的延伸。

读者可以很容易地确定，要想取得与（28iii）和（29）一样的效果而又不超出短语结构 [Σ, F] 系统的范围，就需要给出相当复杂的说明。我们再一次看到：要是允许我们为一个比对应于直接成分分析的系统更复杂些的型式制定出规则来，语法是可以大大简化的，连词连接法（conjunction）的情况已经让我们看到了这一点。① 我们制定和使用了规则（29ii），解脱了束缚，从而已经能够讲述（28iii）里的助动词短语的成分组构情况，而不受其成分之间的相互依存关系的影响；况且，描写一个独立成分的序列总比描写一个互依成分的序列容易得多。这一点换个说法就是，助动词短语里确实存在中断成分（discontinuous element），例如在（30）里有 have...en 和 be...ing。但是，在 [Σ, F] 语法的框架内是不能处理中断现象（discontinuity）的。② 在（28iii）里，我们把那些成分

---

① 注意，这里的"连词连接法"（conjunction）容易误解为"连词"。详情可参看陈满华、贾莹《乔姆斯基〈句法结构〉若干概念、术语的翻译问题》，《当代语言学》2014 年第 2 期，第 209 页。——译者

② 或许我们可以尝试扩大短语结构的概念来解释中断现象。我们多次指出，无论怎样全方位地尝试去追求这一过程 [即扩大短语结构的概念——译者]，都会出现严重的困难。参阅 N. Chomsky, "System of syntactic analysis," *Journal of Symbolic Logic* 18.242—256（1953）; C. F. Hockett, "A formal statement of morphemic analysis," *Studies in Linguistics* 10. 27—39（1952）; 同 前, "Two models of grammatical description," *Linguistic Today, Word* 10. 210—233（1954）。同样，人们可以对短语结构进行更为复杂的解说，以此来弥补 [Σ, F] 语法的其他缺陷。我认为这种方法不足为训，它只能带来头痛医头脚痛医脚、没有结果的精致和细化。情况看来是这样的：对于语言里的一个小的部分而言，短语结构这个概念足够了，语言中的其余部分可以通过在短语结构语法所产生出的语符串上反复应用很简单的转换式集合推导出来。假如我们试图将短语结构语法扩大到能直接覆盖全部的语言，我们就会失去有限制的短语结构语法的简易性，也会使转换方法在发展过程中失去简易性。这种方法将丧失语言层面结构的要旨（参阅§3.1 第 1 段），这一要旨就是从纷繁复杂的情况中抽象出几个语言层面，每个层面本身都很简单明了，再以此更精细与系统地重新构拟实际语言的异常复杂的情况。

处理为连续性的成分，随之用很简单的增补规则（29ii）来引入中断关系。在下文§7中我们将看到，对 Verb 这一成分的分析为深入而又极其简易地分析英语句法的一些重要特点奠定了基础。

5.4　我们来考虑一下主动-被动关系（active-passive relation）的情况，以此作为短语结构概念不够充分的第三个例证。被动句（passive sentence）是通过在规则（28iii）里选用 be +en 成分而形成的。但是对这一成分有一些严格限制，这使得它在助动词短语的诸多成分里很独特。首先，只有在后续 V 是及物动词（即 was +eaten 是允许的，was +occurred 是不允许的）的情况下，be +en 才能被选用，而其他助动词短语成分除了少量例外，都可以自由地与动词共现。其次，如果动词 V 后面跟着一个名词短语，就像（30）那样，就不能选用 be +en（例如，通常我们不能有 NP + is + V + en + NP，哪怕 V 是及物动词——我们不可以说 "lunch is eaten John"）。再次，如果 V 是及物动词且后面跟着介词短语 by + NP，那么我们**必须**选用 be + en（我们能说 "lunch is eaten by John"，却不能说 "John is eating by lunch" 等等）。最后请注意：在把（13）打磨成一部成熟的语法的过程中，我们将不得不根据主语、宾语的情况对 V 的选择施加许多限制，以便允准这样一些句子："John admires sincerity" "sincerity frightens John" "John plays golf" "John drinks wine"，但是排除"颠倒"的非句子[①]："sincerity admires John" "John

---

　　① 此处我们也可以用上合语法性层级的概念，在第 58 页脚注 ① 里我们对其已有所暗示。那么，尽管 "sincerity admires John" 显然不如 "John admires sincerity" 那样合语法，但是肯定比 "of admires John" 要更合语法些。我相信以纯形式的方法能构建起"合语法性程度"这一具有可操作性的概念（参阅我的《语言理论的逻辑结构》），但这已超出了目前讨论的范围。见§7.5 对被动句中（主宾）顺序颠倒的必要性有力证明。

frightens sincerity""golf plays John""wine drinks John"。然而，当我们选用 be+en 作为助动词的一部分时，整个限制系统就彻底无效了。事实上，在此情况下，同样的限制性依存关系仍是存在的，但顺序要反过来。就是说，就每一个句子 $NP_1 - V - NP_2$ 而言，我们都可以有一个对应句子 $NP_2 - is + Ven - by + NP_1$。假如我们尝试把被动式直接包含在语法（13）里，那么在选用 be + en 作为助动词的一部分时，就必须以相反的顺序重新说明所有的这些限制情况。只有有意地从短语结构语法中排除被动式并用如下规则重新引入这些被动式，我们才能避免这种并不得体的重复以及涉及 be +en 成分的一些特殊限制。

（34） 设 S_1 为下列形式的合语法句

$$NP_1 - Aux - V - NP_2$$

则该形式的对应语符串

$$NP_2 - Aux + be + en - V - by + NP_1$$

也是一个合语法句。

譬如，设 $John - C - admire - sincerity$ 是一个句子，则 $sincerity - C + be + en - admire - by + John$（依据（29）和（19）变为 "sincerity is admired by John"）也是一个句子。

现在，我们可以从（28iii）里抛开 be + en 这个成分以及所有与它有关联的特殊限制条件。事实是：be + en 要求有一个及物动词，它不能在 $V + NP$ 前出现，必须出现在 $V + by + NP$ 的前边（此处 V 是及物的），它将两旁名词短语的位置互换，这一事实在每一种情况下都是规则（34）自然产生的结果，因此这条规则导致了语法在很大程度上的简化。然而，（34）远不在 [Σ, F] 语法的范围内。与（29ii）类似，它要求查看通过应用它而生成的语符串的成分结构，并且在这个语符串上对（名词短语的）位置进行对调，对调的方式是由结构因素决定的。①

5.5　我们已经讨论了三条规则（(26)(29)(34)），它们对英语的描写做了重要简化，但是不能将其纳入 [Σ, F] 语法。这一类型的其他规则还有很多，我们在下面会讨论其中几个。通过进一步研究英语短语结构语法的局限性，我们可以相当肯定地表明：这些语法会复杂到令人绝望，以致派不上什么用场，除非我们纳入这类规则。

然而，假如我们用心地考察这些增补规则所蕴含的意义，就会明白这些规则带来了语言结构的全新理念。我们不妨把每一条这样的规则叫作"语法转换式"（grammatical transformation）。语法转换式 T 作用于含有特定成分结构的一个特定语符串（或者像（26）的情况那样，作用于一个语符串的集合），将其转换为含有新推导出来的成分结构的一个新语符串。要确切地说明这种作用是**如何**发挥出来的，就需要进行相当详尽的研究，这种研究会大大超出这里所论及的范围，但实际上我们可以开发一些相当复杂却又相当自然的转换式代数，使其具有语法描写所必需的属性。②

---

①　此处乔姆斯基的意思是：在运用规则（34）将主动句转换为被动句时，考虑问题的决定性因素是结构（形式）而非内容（意义），换句话说，只要结构上合语法、可接受，即使语义上存在问题也是可以转换的。——译者

②　关于转换式的简介，见我的《语言描写的三个模型》（上文第40页脚注①）；关于转换代数和转换语法的详细论述，见我的《语言理论的逻辑结构》以及《转换分析》(*Transformational Analysis*)；关于转换分析还有一种稍有不同的研究方法，见 Z. S. Harris, "Coocurrence and Transformations in Linguistic Structures," *Language* 33.283—340（1957）。

从这里所讨论的区区数例中，我们已经可以弄清楚转换语法的某些本质特征。首先，显而易见的是，我们必须确定这些转换式的应用次序。例如，被动转换式（34）的应用必须在（29）之前，尤其应该在（29i）之前，这样的话，在结果句里动词成分就会与被动句的新语法主语（grammatical subject）的"数"保持一致①；它还必须用在（29ii）之前，那么后一条规则就能恰到好处地用于新插入进来的成分 be + en 上。（在讨论（29i）是否能并入[Σ, F]语法这个问题的时候，我们提到过：不能要求把这条规则用在把 NP_{sing} 分析为 the + man 等的规则之前。之所以这样说，有一个理由现在很清晰了：（29i）必须用在（34）之后，而（34）必须在对 NP_{sing} 做出分析之后才应用，否则，我们就无法对被动式里的主语和动词的关系、动词和"施事"的关系做出正确的选择。）

其次，要注意有的转换式是**强制的**（obligatory），有的则是**非强制的**（optional）。譬如，（29）必须用于每一个推导式，否则其结果根本不是一个句子。②可是（34）这个被动转换式，具体到每一种情况，可能用也可能不用，两种方式的结果都可成为一个句子。因此（29）是一个强制转换式（obligatory transformation），而（34）是一个非强制转换式（optional transformation）。

区分强制转换式和非强制转换式使得我们在语言的句子之间

---

① 注意这里的"数"是作为语法范畴的"数"，不是指自然数量。——译者
② 不过，（29i）的三个部分中只有第三个是强制的，也就是说，past 既可以出现在 NP_{sing} 之后，也可以出现在 $NP_{pl.}$ 之后。任何时候，当我们有像（29i）里的 C 这类成分需要推导，而推导方法可能有多重选择，我们便可以梳理一下这些可选用的方法，把最后一个作为强制性方法，其余作为非强制性方法。

划分出了基本的界限。假定我们有一部语法 G，里面包含 [Σ, F] 语法部分和转换部分，又假定转换部分有某些强制转换式和非强制转换式，那么我们就（依据 G 语法）把语言的**内核**（kernel[①]）定义为当我们将强制转换式应用到 [Σ, F] 语法终极语符串时所产生的句子集。语法的转换部分将以这样的方式建立：转换式能应用到内核句（kernel sentence）上（更确切地说，是应用到构成内核句基础的形式上，即应用到该语法的 [Σ, F] 部分的终极语符串上），或者应用到此前已有的转换形式（transforms）[②]上。因此，语言的每一个句子要么是内核句，要么是用一个或更多转换式序列从构成一个或更多内核句基础的语符串推导出来的。

出于以上这些考虑，我们便产生了语法具有自然的三分组配（tripartite arrangement）的设想：语法有一个形式为 $X \rightarrow Y$ 的规则序列，对应的是短语结构；又有一个基本形式相同的语素音位规则序列，对应的是较低的层面；还有一个转换规则序列，连接起前两个序列。那么，语法看起来大略如此：

[①] "kernel"是乔姆斯基早期使用的一个术语，一般译为"核心"，孤立地看这样译没有问题，但是生成语法另一个术语"core"也通译"核心"。《句法结构》里还有"kernel grammar"这个术语，一般也译为"核心语法"，此译容易与生成语法的"core grammar（核心语法）"相混。其实意思不一样：前者在本书中虽未直接定义，但所指无疑是能产生此处定义的语言里"kernel"这部分的语法，后者指"一组普世的语言学原则，可用来描写语言中发现的所有无标记语法原则"（见克里斯特尔《现代语言学词典》，商务印书馆，2000：88）。为了在译名上将二者区别开来，我们把"kernel"译为"内核"，"kernel grammar"就是"内核语法"。本书其他含这个"kernel"的术语也照此处理，如大量出现的"kernel sentence"译为"内核句"。——译者

[②] "转换形式"即通过转换得到的形式，相当于"transformed forms"。——译者

（35） Σ : *Sentence*

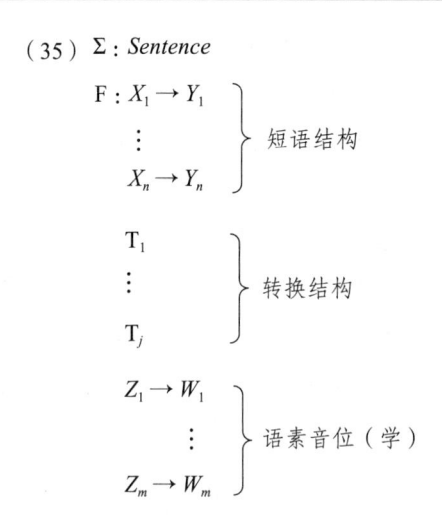

$F : X_1 \to Y_1$
$\vdots$ ⎫ 短语结构
$X_n \to Y_n$ ⎭

T_1
$\vdots$ ⎫ 转换结构
T_j ⎭

$Z_1 \to W_1$
$\vdots$ ⎫ 语素音位（学）
$Z_m \to W_m$ ⎭

为了从这样一部语法生成句子，我们要构建一个从 *Sentence* 开头的扩展推导式（extended derivation）。我们先把全部 F 规则都过一遍，构建一个将成为语素序列的终极语符串，但顺序不要求一定是正确的；接着把全部 T_1 至 T_j 转换式序列过一遍，每一个强制转换式都使用上，某些非强制转换式也可能用得上。这些转换式可以调整语符串，也可以增加或删除一些语素，其结果是产生了词语语符串（string of words）。然后我们把全部语素音位规则过一遍，这就把该词语语符串转化为音位语符串（string of phonemes）了。该语法的短语结构段（phrase structure segment）将包括（13）（17）和（28）那样的一些规则；转换式部分将包括（26）（29）和（34）那样的规则，并且采取肯定会发展成为一种完整的转换理论的方法，确切地制定出来；语素音位部分将包括（19）那样的规则。这种句子生成过程的简略描述还必须（也容易做到）推及一般，以便使（26）那样的规则在句子集上恰到好处地发挥作用，且允许转换式重复运用于转换形式上，由此便可以产生越来越复杂的句子。

当只运用强制转换式生成一个既定的句子时，我们就把该结果句称为内核句。进一步的考察会表明，在语法的短语结构和语素音位部分，我们也能提炼出强制规则的一个框架（skeleton），在生成句子的过程中一旦遇到这些规则，都**必须**使用这一框架。在§4 的最后几段里我们指出过：短语结构规则带来了关于语言结构及"表征层面"的理念，这种理念跟语素音位规则所提供的理念有根本的区别。在每一个低层面①上，也就是在语法处于低层面的第三部分，通常说来，一段话语（utterance）是由单一的成分序列表征的；但是短语结构不能分解为次层面（sublevel），这是因为：在短语结构层面，一段话语是由不能排列到更高或更低层面的语符串的集合表征的。该表征语符串的集合等同于图（15）那样的形式。在转换层面上，一段话语的表征更为抽象，使用了转换式的序列，通过这些转换式，话语得以最终从内核句里（更确切地说，是从形成内核句基础的语符串里）推导出来。关于"语言层面"，有一个能包括以上各种情况的很自然的一般性定义②，如下文所述，有充分的理由把每一个这样的结构都看成一个语言层面。

在合理地构建转换分析法时，我们发现：从根本上说，它比用短语结构的方式进行的描写更为有效，就像后者从根本上说比

---

① 这个"低层面"是指此前已讨论的语言表征层面里的低层面，主要包括音位层和语素层，与这里的三分语法系统（即规则（35））中处于下方（即低层面）的第三部分（语素音位（学））具有对应关系。参阅§1、§4.3、§8.1。——译者

② 参阅《语言理论的逻辑结构》和《转换分析》。

用从左到右生成句子的有限状态马尔可夫过程更为有效一样。尤其是像（10iii）这样的语言，超出了以上下文无关规则（context-free rules）进行的短语结构描写的范围，可以用转换方式推导出来。①② 重要的是要注意到：增加了一个转换层面后，语法便大大简化，因为现在只须把短语结构规则直接用于内核句分析——[Σ, F] 语法的终极语符串就是构成内核句基础的终极语符串。我们选择内核句所用的方法使得那些构成内核句基础的终极语符串很容易从 [Σ, F] 语法的描写中推导出来，而其他全部句子可以通过运用能简明阐述的转换式从这些终极语符串里推导出来。我们已经看到转换分析所带来的语法得到简化的一些例证，在下文中还会见到一些。对英语句法进行全面的考察能提供更多例证。

鉴于（35）形式的语法或许已引起某种误解，关于这些语法还有一点值得指出③：我们已经把这些语法描写为用于生成句子的手段，这种系统构建偶尔可能导致这样的想法：语法理论内部存在某种不对称，因为当下语法所采取的是说者的视角而非听者的

---

① 设 G 是一部 [Σ, F] 语法，含起始语符串 Sentence 以及作为其终极输出的若干 a、b 有限语符串的集合，这样的语法的确是有的。设 G′ 是一部包含 G 作为其短语结构部分的语法，加上能在任何语符串 K 上进行操作的转换式 T，K 是一个 Sentence，T 把 K 转化为 K + K；那么，G′ 的输出就是（10iii）。参阅第 51—52 页。

② 这句话的原文为："In particular, such languages as（10iii）which lie beyond the bounds of phrase structure description with context-free rules can be derived transformationally."。在第 1 版（1957 年）第 1 次印刷本里，此句子的表述有所不同，全句为："In particular, such languages as（10iii）which lie beyond the bounds of phrase structure description, as we have formulated it, can be derived transformationally."。——译者

③ 这句话中，"关于"前的内容不见于 1957 年印本。——译者

视角；语法所关注的是产生话语的过程而非分析和重构已知话语结构的"逆向"过程。其实，我们一直在讨论的这种形式的语法是相当中性的，介乎于说者和听者、话语的综合与分析之间。语法并不告诉我们如何综合一段特定的话语，也不告诉我们如何分析一段具体指定的话语，实际上，说者和听者必须完成的这两个任务本质上是相同的，都超出了（35）这个形式的语法所涉及的范围。每一种这样的语法都仅仅是对某一个话语集的描写而已，也就是描写其生成的那些话语。循着这部语法，我们可以用短语结构、转换结构等理念构拟出话语之间所保持的形式关系。或许这个问题可以通过类比于化学理论的一个方面来阐述清楚，这个方面涉及结构上可能存在的化合物。该理论可以说生成了物质上可能存在的所有化合物，就好像一部语法生成了语法上"可能存在"的所有话语一样。化学理论可以作为对特定化合物进行定性分析和综合的各种技术的理论基础，就好像人们可以依赖语法来考察诸如分析和综合特定话语等这样一些特殊问题一样。

6 关于语言理论的目标

6.1 在§§3、4中,我们探讨了两类语言结构模型:一是简单的通信理论模型,一是以形式化的版本出现的直接成分分析法。我们发现这两种模型都不充分,就在§5中提出一种将短语结构和语法转换式整合起来的更有效力的模型,该模型有可能弥补这些不充分之处。在继续探索这种可能性之前,我想把某些观点阐述清楚,这些观点构成了本项研究的整体方法的基础。①

在讨论语言结构的整个过程中,我们所关注的根本问题是语法的合理性问题。一部关于语言L的语法实质上就是关于L的一种理论。任何科学理论都是以有限数量的观察资料为基础,用一些假定的单位诸如(物理学上的)"质量""电子"等构建通用定律,设法把所观察到的各种现象联系起来,并预言新现象。同样,英语语法是建立在有限话语语料(观察资料)基础上的,包含某些语法规则(定律),这些规则是用具体的英语音位、短语等(假定性结构单位)表述的。这些规则表明了语料里句子之间的结构关系,且说明了在语料之外可由语法生成的无限数句子(预测

---

① 本版此句原文为:"... I would like to clarify certain points of view that underlie the whole approach of his study."。"his"的出现很怪异,据1957年原本,"his"应为"this"。——译者

句)。我们面临的难题是：制定并阐明为每种语言选择正确语法的标准，也就是这种语言的正确理论。

在§2.1中我们提到了两种类型的标准。显然，每一部语法都要满足一定的**有关充分性的外在条件**（external conditions of adequacy），例如，所生成的句子对母语者来说必须是可接受的。在§8中我们将考虑这种类型的其他一些外在条件。另外，我们还会提出一个关于语法的**普遍性条件**（condition of generality），要求某一指定语言的语法应该是根据明确的语言结构理论建立起来的，在这一理论中对"音位""短语"之类术语的定义并不受制于任何具体语言。[①] 如果我们舍弃外在条件或普遍性要求，就没有办法在大量完全不同的各种"语法"之间做出选择，而每一部语法都是与一种确定的语料相匹配的。但是，正如在§2.1里所观察到的，这两个要求合在一起就可以使我们能很有效地检验语言结构的一般理论是否充分，还可以很有效地检验该理论为具体语言提供的语法集合是否充分。

请注意，按照这一思路，无论是一般理论还是特定语法，都并非一直固定不变。会有进步，也会有修订，这些进步及修订可

---

① 我个人认为这两个条件类似于叶尔姆斯列夫（Hjelmslev）在讨论语言理论的"恰当性与主观任意性"（appropriateness and arbitrariness）时所理解的那层意思。参阅 L. Hjelmslev, *Prolegomena to a theory of language=Memoir 7, Indiana University publications in Anthropology and Linguistics*（Baltimore, 1953），p. 8。相关内容另见霍凯特关于语言学的"元标准"（metacriteria）的讨论（"Two models of grammatical description," *Linguistic Today, Word* 10.232—233）。[原文 publications 后无"in"，又 Anthropology 为 Antropology。两处都依据 1957 年版第 1 次印本订正。——译者]

以来自对特定语言的新事实的发现，或者来自对语言材料的构造情况有了纯理论上的深度认知，即来自于语言结构的新模型。当然，在这一理念上并非总是循着固定的路径兜圈子。在任何既定时间内，我们都可以尝试尽可能同时精确地构建一般理论和与此相关联的语法集合，这一理论和这些语法都应满足基于经验的、有关充分性的外在条件。①

迄今我们尚未考虑下面这个很关键的问题：在一般理论和依照该理论（所建立）的具体语法之间是什么关系？换一个说法就是：我们可以怎样解读这里所说的"依照"（该理论）这个概念？恰恰就是在这一点上，我们的研究方法与其他许多关于语言结构的理论相去甚远。

在语言结构理论和具体语法的关系问题上，最严格的要求可以是：假如给定一种话语语料，理论就必须为语法的实际建立提供一个实用的、机械的方法。我们就说这样一种理论为我们提供语法的**发现程序**（discovery procedure）。

稍宽松的要求或许是：理论必须提供一个实用的、机械的方法，用此方法可以确定一部为已知语料编制的语法实际上是不是该语言的能导出那些语料的最佳语法。这样的理论并不关注该语法是**怎样**建立起来的问题，可以说它是为语法提供**决定程序**（decision procedure）。

---

① 这句话的意思是：语言理论和相应的语法是语言学家非经验的、内在（主观）的认知及其总结，是纯理论的，这种认知和总结还需要得到经验的（有实证依据的）、外在的检验（如上文所说的让母语者检验）。——译者

更宽松的要求或许是：已知一种语料且已知两部已编制好的语法 G_1 和 G_2，理论必须告诉我们哪一部语法是该语言能导出那些语料的更好的语法。在此情况下，我们可以说该理论为语法提供**评估程序**（evaluation procedure）。

这些理论可以用下列图解表示：

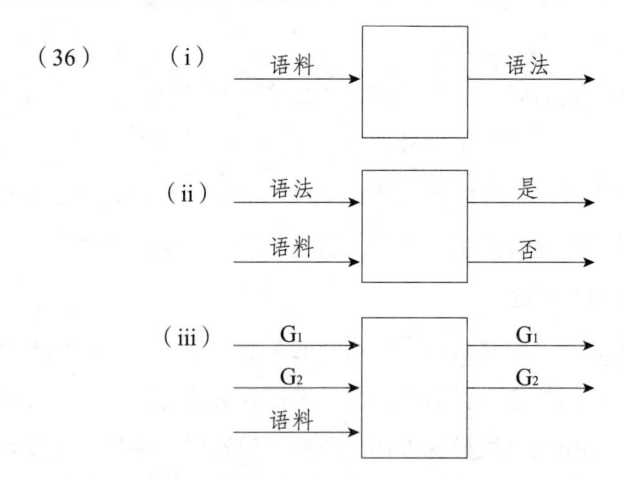

(36)　(i)　语料 → ☐ → 语法

　　　(ii)　语法 → ☐ → 是
　　　　　　语料 →　 → 否

　　　(iii)　G_1 → ☐ → G_1
　　　　　　G_2 →　 → G_2
　　　　　　语料 →

(36i) 表示把理论设想为一台机器，语料是其输入，语法是其输出。那么这就是一个提供了发现程序的理论。(36ii) 被设想为一个装置，语法和语料是其输入，根据语法是否正确所做出的答案"是"或"否"是其输出，那么这就表示一个为语法提供决定程序的理论。(36iii) 代表一个理论，G_1（语法 $_1$）、G_2（语法 $_2$）以及语料是其输入，G_1、G_2 里更为可取的那个是输出，那么这就是一个为语法提供了评估程序的理论。①

----

① 如果我们愿意接受一个小集合的正确语法而不是某个单一正确语法，那么正在讨论中的基本问题仍不会改变。

这里所采用的观点是：假如要求语言理论在为语法提供实用的评估程序之外还提供更多东西，那是没有道理的，就是说，我们采用的是以上描写的三个理论定位里要求最宽松的一个。按照我的解读，大部分为语言理论发展而更为用心地提出的方案都是试图满足这三个要求里最严格的要求。[①] 这就是说，这些方案都是尝试描述研究者实际上可能使用的分析方法，如果有那么多时间，他就可以用这些方法直接根据原始资料构建一门语言的语法。我认为，要想以任何令人感兴趣的方式实现这一目标，都是很成问题的。我怀疑任何要达到这一目标的努力都将掉入越来越精细、复杂的分析程序的迷宫，这种分析程序对许多关于语言结构本质的重要问题都不能提供解答。我相信，把我们的眼光放低一些，将目标定在更适度些的研制语法的评估程序上，那么我们就可以将注意力更明确地集中在语言结构的真正关键问题上，并

---

① 例如，B. Bloch, "A set of postulates for phonemic analysis," *Language* 24.3—46 (1948); N. Chomsky, "Systems of syntactic analysis," *Journal of Symbolic Logic* 18.242—256 (1953); Z. S. Harris, "From phoneme to morpheme," *Language* 31.190—222 (1955); 同前, *Methods in structural linguistics* (Chicago, 1951); C. F. Hockett, "A formal statement of morphemic analysis," *Studies in Linguistics* 10.27—39 (1952); 同前, "Problems of morphemic analysis," *Language* 23.321—243 (1947); R. S. Wells, "Immediate constituents," *Language* 23.81—117 (1947), 等等。虽则这些著作的目标很清晰，是追求发现程序，但在仔细查阅时我们往往会发现，其实际建立的理论不过是为语法提供一种评估程序。例如霍凯特在《语素分析的形式阐述》(A formal statement of morphemic analysis) 一文中将他的目标阐述为 "形式程序的发展，通过这一形式程序人们可以从零开始对语言结构模式进行完整的描写"（第27页）。但是他实际所做的是描写形态分析方面的一些形式特征，然后提出 "一个标准，用该标准可以确定两种可能的语素分析方案的相对有效性，我们由此能选出有效性可能最大的那个方案，或者在任何几个有效程度相等但比其他的都更有效的方案里任意选出一个"（第29页）。

获得更加令人满意的答案。这种判断正确与否，只能通过发展和比较这些各色各样的理论来确定。但是，请注意，三种要求中最宽松的那个仍然是严格的，它足以保证满足了这一要求的理论富有价值。在科学研究领域，这种情况很罕见：人们认真考虑是否有可能研发出一种普遍的、实用的、机械的方法，以筛选若干理论，这些理论各自都有相匹配的可获得资料。

以上谈到关于语言理论的各种概念，在这些情况下，我们都通过"实用"这个词给程序类型的性质特征提出了限制条件。这一模糊的条件限制对于一门经验科学来说是至关重要的。举个例子，可以设想一下我们以测量"长度"这样简单的特征去评估语法，那么可以正确地说，我们就有了一个实用的语法评估程序，因为我们可以算出这些语法所包含的符号数目；要说我们便有了一个发现程序，也是完全正确的，因为我们可以按照长度标准对有限数目符号的所有序列依次排列，从这些序列中构建语法；我们还可以检查每一个序列，弄清楚其是否为一个语法；可以肯定的是，一段时间以后，我们将找到符合限制条件的最简短的那个序列。当然，这种发现程序并不是那些试图达到上述最严要求的人所冥思苦想的那种发现程序。

假设我们用"简易性"（simplicity）来考察选用语法时需要考虑的各部语法的形式特征集，那么在我们所建议的语言理论研究项目上就有了三项主要任务。其一，需要精确地阐明（如果条件许可，另加上可操作的、行为方面的检测）用以衡量语法是否具有充分性的外在标准。其二，我们必须以通用而又明晰的方式描述语法形式的特征，这样我们就可以实实在在地为特定语言提供此类形式的语法。其三，我们必须分析和界定"简易性"这一概念，它是我们在全部形式上合适的语法当中进行选择时打算使用的概念。完成了后两项任务，我们就能够系统地阐述清楚语言结构的一般理论，在这一理论中，就任意一种语言 L 而言，像"L 里的音位""L 里的短语""L 里的转换"这些概念，都是根据 L 话语的物理特征和分布特征以及 L 语法的形式特征进行界定的。① 例如，我们将 L 的音位集界定为有一定物理特征和分布特征并出现在 L 最简语法里的元素集。有了这样一种理论，我们就可以尝试为实际的语言构建语法，还能确定我们所能发现的最简语法（即一般理论促使我们去选择的语法）是否可以满足关于充分性的外在条件。我们将继续修订关于语法形式的简易性概念和对其特征的描述②，一直到通过该理论所选择的语法确实能满足外在条件。③ 请注意，这一理论可能不会以实用的方法告诉我们实际上如何着手从语料中构建一种已知语言的语法，但是它一定会告诉我们如何评估这样一部语法，由此一定会使我们能够在已提出的两种语法中做出选择。

---

① 那么，语言理论将会用一种元语言（metalanguage）系统地阐述出来，这种元语言是用来写出各种语法的语言，语言理论能为任何语言构建一种语法，它实际上是一种"超级元语言"（metametalanguage）。

② 此处原文有"... out characterization of the form of grammars..."，不通。据 1957 年版第 1 次印本，"out"系"our"之误。——译者

③ 事实上，在研究过程中我们也可以订正关于充分性的标准，也就是我们可以认定这些检验的标准有的不适应语法现象。一种理论的主题内容并非在调查研究之前能全部确定。对一定范围的现象有可能做出条分缕析的体系阐释时，这些主题内容就可以部分地确定下来。

在本项研究的前几个部分，我们已经关注了三个任务里的第二个。我们假定已给出英语合语法句的集合，且提出了关于简易性的某种观点，还尝试了确定哪种类型的语法将以某种简易的方式确切地生成合语法句。为了用某种不同的方式精确地阐述这一目标，在上文中我们已经说过，在普通语言学理论中必须界定的概念之一是"L 里的句子"。对此进行界定时，会用上"L 里观察到的话语""L 语法的简易性"等等表述。照此说来，这种普通理论要关注的是准确把握合语法句与观察所得句这两个集合之间的关系。我们对前一个集合的结构考察工作是初步的，是从这样的假设出发的，即在能够清楚地描述这种关系之前，我们对这两个集合的形式特征的了解必须比以往深刻得多。

在下文 §7 中，我们将继续考察描写英语结构的各种方式的相对复杂性。我们将特别关注这个问题：如果把某一类句子作为内核句，或者说，如果把这类句子当作通过转换推导出来的句子，是否全部语法就简化了？搞清楚了这一问题，我们就可以就英语结构得出某些结论。在 §8 中，我们将指出：有独立的证据支持我们选用语法的方法。也就是说，我们将尝试证明：较为简单的语法能满足关于充分性的外在条件，而较为复杂的语法在指派什么句子进入语言内核等问题上所做出的决定五花八门，不能满足这些条件。当然，在缜密地阐释这里所采用的简易性概念之前，对这些结果我们还仅仅是提示一下，未有定论。我想这样（缜密）的阐释可以提供出来，但是那已经超出了本书的讨论范围。然而，应该相当清楚的是，根据"语法简易性"的任何合理定义，下文做出的涉及相对复杂性的大多数决定都是站得住脚的。①

请注意，简易性是一个**系统的**衡量标准。在评估中，唯一的终极标准是整个系统的简易性。在讨论具体个案时，我们只能指出这个或那个决定将会如何影响整体上的复杂性。这种确认只能是尝试性的，因为简化语法的一部分就会使其他部分变得复杂。只有当我们发现一部分的简化引起了其他部分出现相应的简化，我们才能感觉到自己真正步入了正确的轨道。下面我们想要说明：采用最简单的转换法分析一类句子，的确经常会为其他各类句子的分析变得较为简单而铺平道路。

简而言之，我们正在确定的是语法的简易性，而一概不会考虑人们是如何获得简易语法的，譬方说，§5.3 对动词短语进行了分析，至于人们如何发现这种分析（过程），这不是我们所关心的。这种问题跟我们在上文已搭建了框架的研究工作并不相关。人们可以依靠直觉、猜测、各种有方法论意义的片段性提示，依赖以往的经验等等，得出一部语法。毋庸置疑，可以为许多有用的分析程序提供构架清晰的说明，但是这些程序是否能得到缜密、透彻而又足够简洁的说明，使之可以有条件成为实用的、机械的发现程序，这是可疑的。无论如何，这个问题都不在我们这里的考察范围内。我们的终极目标是，要以一种客观的、非直觉

---

① 我的《语言理论的逻辑结构》讨论了用"简易性"在形式方面的特征来评估语法诸体系的方法，可参阅。

顺带说明一下，我们现在并不否认，发现程序即使还不够充分，也是有用的。它们可以为正在进行实际考察的语言学家提供有价值的线索，或者可以导出一个小的语法集合，然后就能对其进行评估。我们的主要观点是，一种语言学理论不应该等同于一部有用的程序手册，也不应指望它提供机械的语法发现程序。

的方式来评估已经提出的语法,并将其与别的已提出的语法相比较。因此,与其说我们感兴趣的是要说明人们按常规是如何获得语言的语法的,倒不如说是要描写语法的形式(等同于描写语言结构的基本特征),考察采用某种语言结构模型会有什么样的实际后果。

6.2 我们一旦放弃寻找实用的语法发现程序,那么某些向来属于方法论话题的激烈争论问题就确实不会出现了。不妨考虑一下各语言层面之间的相互依存问题。学者们已经正确地指出,如果用音位定义语素,同时又把形态考察法对应于音位分析,那么语言理论就会在一种地道的循环论证折腾下做无用功。可是,语言层面之间的相互依存关系并不一定导致循环论证,以眼下所讨论的情况为例,我们可以在定义"暂拟音位集"(tentative phoneme set)和"暂拟语素集"(tentative morpheme set)时让它们互不相干,而又可以探讨暂拟音位集和暂拟语素集之间所保持的适配关系。然后我们可以把已知语言的一对音位集和语素集定义为有适配关系的一对暂拟音位集和暂拟语素集。这一适配关系可以部分地通过对简易性的考察来搭建框架,就是说,我们可以将一种语言的音位和语素定义为暂拟音位和暂拟语素,这二者伴随着其他的一些办法,共同形成最简语法。这就为我们提供了一种完全直截了当的方法去界定互为依存的语言层面,而不陷入循环论证。诚然,这种做法并不是以一种直接而机械的方式告诉我们如何去**发现**音位和语素。可是,也没有别的音位学和形态学的理论真正能满足这一严苛的要求,几乎没有理由相信这种要求会明显得到满足。不管怎么说,当我们把要求降低到只是制订一个评估程序时,就不会留下任何动机来反对语言层面之间的依存关系了,在界定互为依存的语言层面的过程中要避免循环论证也就不难了。①

如果我们采用上面简介的一般性工作框架,那么语素分析的许多问题也会有相当简单的解决办法。在试图为语法打造发现程序的过程中,我们自然会被引导着把语素当成一组一组的音位序列,即几乎是从字面意义上认为语素具有实际的音位"内容"(content)。这样会在众所周知的一些英语例子里带来麻

---

① 关于导致各语言层面出现互为依存关系的程序例子,见 Z. S. Harris, *Methods in structural linguistics* (Chicago, 1951)(例如,7.4 节的附录,8.2 节的附录以及第 9、12 章)。我认为,用刚刚提出的那种非循环论方法进行阐释,福勒(Fowler)对哈里斯的形态程序的反对意见(参阅 *Language* 28.504—509 [1952])就能达到目的,这并不困难。关于语言层面相互依存关系的进一步讨论,参阅 C. F. Hockett, *A manual of phonology = Memoir 11, Indiana University Publications in Anthropology and Linguistics* (Baltimore, 1955);同前,"Two fundamental problems in phonemics," *Studies in Linguistics* 7.33 (1949); R. Jakobson, "The phonemic and grammatical aspects of language and their interrelation," *Proceedings of the Sixth International Congress of Linguists* 5—18 (Paris, 1948); K. L. Pike, "Grammatical prerequisites to phonemic analysis," *Word* 3.155—172 (1947); 同前,"More on grammatical prerequisites," *Word* 8.106—121 (1952)。还可参阅 N. Chomsky, M. Halle, F. Lukoff "On accent and juncture in English," *For Roman Jakobson* ('s-Gravenhage, 1956), 65—80。

巴-希勒尔(Bar-Hillel)在《逻辑句法与语义学》("Logical syntax and semantics," *Language* 30.230—237[1954])中指出:派克提出的诸方案可以通过递归性定义得到形式化阐释,那就不会出现其方案里相当程度上存在的循环论证了。他并没有详细阐述这个问题,而我个人的感觉是,循此路径不大可能成功,何况,正如我们刚看到的,假如我们对语法评估程序感到满意的话,那么我们可以只用直接的定义就可以构建互为依存的各语言层面。

音位层面和语素层面互为依存的问题不能混同于阅读音位转写记录是否需要有形态(语素)信息的问题。即使认为对形态的考察跟确定语言的音位有关,情况仍然是这样:音位的转写提供了完整的"阅读"规则,而无须牵扯其他层面。有关这方面的讨论和例子,见 N. Chomsky, M. Halle, F. Lukoff, "On accent and juncture in English," *For Roman Jakobson* ('s-Gravenhage, 1956), 65—80。

烦，譬如"took"/tuk/，在此如果不是特别有意识地、多少有些不自然地处理的话，那么很难把这个词的任何部分与表示过去时的语素联系起来，这个语素就是以 /t/ 的形式出现在"walked"/wɔkt/、以 /d/ 的形式出现在"framed"/freymd/ 里的那个语素。我们可以把形态学和音系学当成互有区别而又相互依存的两个表征层面，在该语法中由（19）那样的语素音位规则联系起来，这样做就可以避免所有的那些难题了。那么，"took"就在形态层面表征为 take + past，如同"walked"表征为 walk + past 那样。语素音位规则（19ii）（19v）分别把这些语素语符串变成 /tuk/、/wɔkt/。这两者的唯一区别在于（19v）比（19ii）的普遍性大得多。[①] 如果我们放弃高层面完全是从低层面成分那里构建出来的想法[②]——而

[①] 在《音系学手册》(*A manual of phonology*, 1955) 第 15 页里，霍凯特清楚地阐述了这种针对语言层面的研究方法。在《语法描写的两个模型》("Two models of grammatical description," *Linguistic Today, Word* 10.210—233（1954））中，他放弃了一个解决方案，那个方案跟我们刚刚提出的方案很相似。他的依据是："'took'和'take'在音位外形上部分相似，正如'baked'和'bake'的情况那样，且语义也同样地相似；这一事实不能掩盖。"（第 224 页）但是在我们的构想中，语义相似的这一事实并没有掩饰起来，这是因为，在"took"和"baked"两者的语素表征中，语素 past 都显示了，况且音位外形的相似性可以在语素音位规则的实际构建中表现出来，该规则将 take + past 变为 /tuk/。我们无疑可以制定下面这一条规则：

在语境 t–k + *past* 中，ey → u

这实际上就是语素音位式的表述。这种做法将允许我们通过概括（generalization）来简化语法，这种概括可以引出"take"－"took"、"shake"－"shook"、"forsake"－"forsook"之间的平行关系，更概括一些的还有"stand"－"stood"等等。[之所以说"stand"－"stood"的转换"更概括一些"，是因为前边几对例子都只涉及元音与元音之间的变换，但"stand"－"stood"涉及"一个元音＋一个辅音"的组合变为另一个元音。——译者]

[②] "完全"（literally）在这里的意思是"字面上完全对应地"，"字面"指词、短语等，还包括音位（或音素）等层面的单位。——译者

我认为我们一定要放弃——那么，以下做法就变得更自然了：甚至连转换结构这样抽象的表征系统（在此系统里，每一段话语都由转换式序列表征，它是通过运用转换式从短语结构语法的终极语符串那里推导出来的）都可以被看成是构成了一个语言层面。

无论是采取语言层面互为依存的观点，还是坚持语言层面仅仅是由普遍规则连接起来的抽象表征系统的理念，我们实际上都不会被迫放弃找到实用的发现程序的希望。不过，反对各层面互相依存的看法，跟各层面在结构上完全脱胎于低层面单位结构的看法一样，都来源于企图发展语法的发现程序，我想这是毋庸置疑的。假如我们放弃这一目标，并且清楚地区分富有启发性的、有益的程序指南与语言结构理论，就没什么理由维持这两种相当可疑的立场了。[①]

如果我们用以上建议的方式设定目标，那么许多习以为常的观点都会失去其吸引力。许多出现在音位学和形态学这样较低层面的问题尚未解决，鉴于这一事实，有时人们会认为研究句法理论的时机目前尚未成熟。的确，较高层面的语言描写依靠较低层面所获得的结果，但是也有一个相当不错的想法，按照这一想法，情况反过来也是对的。譬方说，在上文中我们已经看到，如果依据音位和语素说明句子结构的原理，那样会有些怪异，甚至没有丝毫的希望；但是只要发展了像短语结构这样的较高层面，就能

[①] "两种相当可疑的立场"指上一句话提到的反对各层面互相依存的看法和各平面在结构上完全脱胎于低层面单位结构的看法。——译者

看出来：没有必要在较低层面上做这种无用功。① 同样，我们也可以认为，用成分分析法描写句子结构，如果超出了一定的限度就不会成功。然而，只要发展了转换式这一更为抽象的层面，就能在比较受限的条件下为成分分析法发展出更简单、更确切的技术做出铺垫。语言的语法是一个复杂系统，其各部分之间有千丝万缕、富于变化的内在关联。为了透彻地研究语法的某个部分，就去了解整个系统的特征，这常常是有用的，甚至是必须的。有一种观点认为，句法结构理论的研究必须等待音系学和形态学的问题全部解决（才能着手），对此我要再一次表达我的想法：无论我们是否关注发现程序的问题，这一观点都根本不成立。当然，我认为它是由一个错误的类比造成的，这种类比是把语言理论的发展顺序与发现语法结构的假定操作顺序当作一码事了。

---

① 见 N. Chomsky, M. Halle, F. Lukoff, "On accent and juncture in English," *For Roman Jakobson*（'s-Gravenhage, 1956），65—80；该文讨论了这样一种可能性，即对所有较高层面的考察，包括对形态、短语结构和转换式在内的考察，都与音位分析的选择有关联。

7 英语里的部分转换式

7.1 刚才的讨论尚未进入正题，下面让我们回过头来考察描写英语句法所采用的转换方法会带来什么结果。我们的目标是限制语言内核的范围，其方式是：构成内核句要件的终极语符串由简单的短语结构系统推导出来，并可以打下一个基础，所有句子都在这个基础上由简单的转换式推导出来；就内核句而言，只能是强制转换式推导的；就非内核句而言，可用强制转换式和非强制转换式推导出来。

要把一个转换式说得具体明白，我们必须分析、描写使用该转换式的语符串，还要分析、描写这一转换式在语符串上所产生的结构变化。① 那么，被动转换式是用于 $NP - Aux - V - NP$ 这个形式上的，结果是两个名词短语互换位置，在末尾的名词短语前加上 by，又给 Aux 加上 be + en（见（34））。现在再考虑把 not 或 n't 引入到助动词短语上。描写否定式的最简单的方式是在启用（29ii）之前应用一个转换式；要是（28iii）给出的短语包含至少两个语素，就在该短语里的第二个语素后面引入 not 或 n't；要是（28iii）给出的短语只含一个语素，就在第一个语素后面引入 not

---

① 关于通用转换式和专用转换式的确认情况的详细讨论，见第 68 页脚注 ② 所引参考文献。

或 n't。由此，这个 T_{not} 转换式就在被析为三个片段的语符串上进行操作，这些片段是以下列各方式里的一种析出的：

(37) (i) $NP - C - V ...$
      (ii) $NP - C + M - ...$
      (iii) $NP - C + have - ...$
      (iv) $NP - C + be - ...$

这里的符号一如（28）（29）那里的符号，点号所代表的是什么并不是关键的。设以这些方式里的一种方式将某一语符串析为三个片段，则 T_{not} 在该语符串的第二个片段后面加上 not（或 n't）。例如，T_{not} 应用于终极语符串 they - Ø + can - come（（37ii）的例子）[①]，产生 they - Ø + can + n't - come（最终变为"they can't come"）；T_{not} 应用于 they - Ø + have - en + come（（37iii）的例子），产生 they - Ø + have + n't - en + come（最终变为"they haven't come"）；应用于 they - Ø + be - ing + come（（37iv）的例子），产生 they - Ø + be + n't - ing + come（最终变为"they aren't coming"）。我们选择了（37）里的后三种情况，该规则得到了恰当的使用。

现在假定我们选择（37i）的一个例子，即有这样一条终极语符串：

(38) $John - S - come.$

它可以通过（29ii）产生内核句"John comes"。将 T_{not} 应用于（38），则产生出

(39) $John - S + n't - come.$

但是我们特别说明过，T_{not} 的应用要在（29ii）之前，（29ii）有重写

[①] 此版"they - Ø + can - come"的原文是"they Ø + can - come"，少一个"-"符号。据1957年原版改正。——译者

"*Af* + *v*"为"*v* + *Af* #"的作用。可是我们发现（29ii）根本不适合应用于（39），因为（39）现在并不包含"*Af* + *v*"序列。现在让我们把下列强制转换规则应用于（29）之后，加入到该语法上：

（40）　# *Af* → # *do* + *Af*

这里 *do* 跟"John does his homework"里的主要动词（main verb）[①]是同样的成分（见（29iii）里引入 # 的方法）。（40）说明的是：*do* 是作为非缀附性词缀的"代显符"（the "bearer" of an unaffixed affix）被引入的。将（40）和形态规则应用于（39），我们就可推导出"John doesn't come"。现在规则（37）和（40）使我们能够推导出全部的而又仅限于合语法的否定句形式。

与运用短语结构内任意一种可选用的办法相比，运用转换方法处理否定式都要简单些，这一点是没问题的。如果我们能找到其他一些例子，由于某些互不相干的原因，需要用同样的确切表述（即（37）和（40）），那么用转换式进行处理的优势（不把否定句包含在语言内核里）就更明显了，而事实上这样的例子是存在的。

考虑一下是非问句（yes-or-no questions）这类情况，例如，"have they arrived""can they arrive""did they arrive"。我们可以通过转换式 T_q 生成所有的这些句子，且只生成这类句子，T_q 运用（37）的分析对语符串进行处理，结果这些语符串上第一、第二个片段实现互换，这两个片段在（37）已都有规定。我们要求 T_q 应用于（29i）之后、（29ii）之前。于是它便应用到：

[①] "主要动词"不是主要的动词的意思，而是一个术语，指与助动词（*Aux*）、情态动词（*M*）相对的动词。参阅 §7.1 对（52）的说明。——译者

(41)(i) they - Ø - arrive
(ii) they - Ø + can - arrive
(iii) they - Ø + have - en + arrive
(iv) they - Ø + be - ing + arrive

这些就是(37i—iv)的形式,用 T_q 转换后产生了下面这些语符串:

(42)(i) Ø - they - arrive
(ii) Ø + can - they - arrive
(iii) Ø + have - they - en + arrive
(iv) Ø + be - they - ing + arrive

把强制转换规则(29ii、iii)及(40)应用到这些语符串上,再使用语素音位转换规则,我们可推导出

(43)(i) do they arrive
(ii) can they arrive
(iii) have they arrived
(iv) are they arriving

这样的音位转写形式。假如我们不用 T_q 介入,而是把这些强制规则直接应用于(41),就会推导出这样的一些句子:

(44)(i) they arrive
(ii) they can arrive
(iii) they have arrived
(iv) they are arriving

那么(43i—iv)就是与(44i—iv)对应的疑问形式。

在(42i)这个例子中,*do* 作为非缀附性单位 Ø 的代显符被规则(40)引入。假设 C 由规则(29 i)发展为 S 或 *past*,那么规则(40)即把 *do* 作为这两个单位的代显符引入,我们就可以得到"does he arrive""did he arrive"这样的句子。请注意并不需要用新

的语素音位规则来说明 $do + \emptyset \rightarrow$ /duw/、$do +S \rightarrow$ /dəz/、$do + past$ $\rightarrow$ /did/ 这一事实。不管怎样，我们需要这些规则是为了说明 do 作为主要动词的各种形式。还要注意，T_q 必须在（29i）的后面应用，否则在疑问句中对数的指派就不正确了。

在分析（28）（29）的助动词短语时，我们把 S 看作第三人称单数语素；当主语是所有其他形式时①，把 $\emptyset$ 缀附在用于这些形式的动词上，作为其语素。这样，假设名词主语有 $\emptyset$，则动词就有 S（"the boy arrives"）；而假设主语有 S，则动词就有 $\emptyset$（"the boys arrive"）。有一种我们没有考虑的替换方案是，取消零语素（zero morpheme），直接表述为：假设主语不是第三人称单数，则不出现词缀。现在我们看出了，这一备用方案是不可接受的：我们必须有 $\emptyset$ 语素，否则（42i）里 do 就没有词缀可代显了，规则（40）因此就不能应用于（42i）。还有很多其他情况，转换分析提供了支持或者反对设立零语素的很有说服力的理由。举一个反面的例子吧。可以考虑一下这个建议：把不及物动词分析为带零宾语（zero object）的动词。可是这样的话，被动转换式（34）会转化出非句子，比方说把"John—slept—$\emptyset$"转化为非句子"$\emptyset$ —was slept—by John" $\rightarrow$ "was slept by John"。因此，必须抛弃这种分析不及物动词的方法。在 §7.6 中，我们还会回头讨论在确定成分结构时转换式的更具普遍意义的作用问题。

关于疑问转换式 T_q，至关重要的事实是，几乎无须为了描写这一转换而对该语法添加任何东西。应用 T_q 转换式对句子进行的

---

① "所有其他形式"指第三人称单数以外的所有形式，包括第一、第二人称单、复数形式以及第三人称复数形式。——译者

析解以及 do 的显现规则都是否定句所独立要求的,因为这一点,我们在扩展语法以对是非问句进行说明的时候只需要描写 T_q 所带来的倒装而已。换个说法就是,转换分析清楚地表明了否定式和疑问式本质上具有同一"结构"的事实,可以利用这一事实来简化英语句法的描写。

在处理助动词短语的问题时,我们略去了一些重要形式,这些形式含有"John *does* come"等这类句子里的强重音成分(heavy stressed element)*do*。假定我们设立一个对比重音(contrastive stress)语素 A,将下列语素音位规则应用于这个 A 上:

(45) $...V...+A \to ...\ddot{V}...$,其中"″"表示超重音(extra heavy stress)。

现在再设立一个转换式 T_A,将其应用于语符串的分析,就像用 T_{not}(即(37))分析语符串那样,将 A 加到这些语符串上,其位置跟 T_{not} 将 not 或 n't 加入语符串的位置完全相同。那么,就像 T_{not} 产生下列句子一样:

(46)(i) John doesn't arrive(应用(40),来自 John # S + n't # arrive)

(ii) John can't arrive(来自 John # S + can + n't # arrive)

(iii) John hasn't arrived(来自 John # S + have + n't # en + arrive)

T_A 产生对应的句子:

(47)(i) John *does* arrive(应用(40),来自 John # S + A # arrive)

(ii) John *can* arrive(来自 John # S + can + A # arrive)

(iii) John *has* arrived(来自 John # S + have + A # en + arrive)

可见 T_A 是一种"肯定"转换式（transformation of "affirmation"），它对"John arrives""John can arrive""John has arrived"这样的句子进行肯定，一如 T_{not} 对这些句子进行否定一样。这在形式上是最简易的方案，在语感上也显得是合适的。

还有其他的转换式实例是由同样的基本句法分析法即规则（37）确定的。看看转换式 T_{so} 的情况，它把（48）里的成对语符串转化为（49）里对应的语符串：①

(48)（i） *John − S − arrive, I − Ø − arrive*
　　（ii） *John − S + can − arrive, I − Ø + can − arrive*
　　（iii）*John − S + have − en + arrive, I − Ø + have − en + arrive*

(49)（i） *John − S − arrive − and − so − Ø − I*
　　（ii） *John − S + can − arrive − and − so − Ø + can − I*
　　（iii）*John − S + have − en + arrive − and − so − Ø + have − I*

运用规则（29ii, iii）（40）以及语素音位规则，我们最终推导出：

(50)（i） John arrives and so do I
　　（ii） John can arrive and so can I
　　（iii）John has arrived and so have I

T_{so} 对（48）中每个配对句的第二个句子进行加工，首先用 *so* 代替该句的第三个片段②，然后将第一个和第三个片段互换位置。（因此，*so* 这个成分是一个代动词短语（pro-VP），这与 *he* 是代名词颇为相似。）转换式 T_{so} 与连接转换式（conjunction transformation）

---

① 这里的"成对语符串"指的是（i）（ii）（iii）内部的两两相对的语符串，如"*John − S − arrive*"和"*I − Ø − arrive*"就是一对。——译者

② 即代替动词"*arrive*"。——译者

结合就产生出（49）。我们对此的描写还没有足够详尽，但是（37）的句子分析法和规则（40）在此也是最基本的，这一点还是很明确的。因此，几乎用不着在语法里增补任何新内容来合并（50）那样的句子，那些句子的形成跟否定式、疑问式和强调肯定式（emphatic affirmative）的形成情况一样，所依据的是同一基础转换模式。

这一分析法的基本特征还表明了另一层很重要的意思，值得在此说一下。看下列内核句：

(51) (i) John has a chance to live
(ii) John is my friend

形成（51）的基础的终极语符串是：

(52) (i) John + C + have + a + chance + to + live
(ii) John + C + be + my + friend

（52i）的 have 和（52ii）里的 be 是主要动词，而不是助动词。现在来考虑转换式 T_{not}、T_q 和 T_{so} 在这些基础语符串（underlying string）上是如何应用的。可把 T_{not} 应用到形式（37）的任何语符串上，在（37）给出的第二、第三个片段之间加上 not 或 n't。但事实上（52i）既是（37i）的实例，也是（37iii）的实例，因此，把 T_{not} 应用于（52i），可以获得（53i）或者（53ii）：

(53) (i) John − C + n't − have + a + chance + to + live
(→ "John doesn't have a chance to live")
(ii) John − C + have + n't − a + chance + to + live
(→ "John hasn't a chance to live")

而实际上（53）的两个形式都是合语法的。况且，have 是唯一一个可能形成歧解否定（ambiguous negation）的及物动词，正如依据（37）对其进行分析的时候，它是唯一可以分析出不同形式的及物动词。就是说，我们可以说"John doesn't read books"，而不可以说"John readsn't books"。

同样，T_q应用到（52i）将会产生（54）里两种形式的任意一种形式，T_{so}会产生（55）里两种形式的任意一种形式，因为这两个转换式也是以（37）的结构分析为基础的。

(54) (i) does John have a chance to live?
  (ii) has John a chance to live?
(55) (i) Bill has a chance to live and so does John.
  (ii) Bill has a chance to live and so has John.

但是就所有其他及物动词的情况而言，都不可能出现（54ii）（55ii）那样的形式。我们不说"reads John books?"或"Bill reads books and so reads John"。然而，我们看到"have"的明显不规则的表现实际上是运用我们那些规则的自动结果。这就可以解决§2.3提出的涉及（3）合语法而（5）不合语法的问题。

现在考虑（52ii）。在最简单的英语短语结构语法里，绝没有任何理由把"be"并入动词词类，即在此语法里 be 不是 V（动词）。这一点我们尚未说明过，但事实上是对的。动词短语里有一种形式是 V + NP，同样，动词短语里还有一种形式是 be + Predicate（谓词）。因此，尽管 be 在（52ii）中不是助动词，但事实还是这样的：在（37）所允准的几种分析法中，只有（37iv）能用于（52ii）。于是，转换式 T_{not}、T_q 和 T_{so} 应用于（52ii）（再辅以（29i）），就可分别得到：

(56) (i) $John - S + be + n't - my + friend$（→"John isn't my friend"）

(ii) $S + be - John - my + friend$ (→ "is John my friend")
(iii) $Bill - S + be - my + friend - and - so - S + be - John$
 (→ "Bill is my friend and so is John")

如果是真正的动词，这样的类推形式（如"John readsn't books"等）也是不可能出现的。同样地，应用 T_A，得到的是"John is here"，而不会像真正的动词那样得到"John does be here"。

假如我们试图完全依据短语结构描写英语句法，那么含有"be""have"的形式将会成为十分引人注目、非同一般的例外。但是我们刚才已看到，这些显得很特别的形式确实是用于解释常规情况的最简语法自动产生的结果。因此，当我们从转换分析的视角考虑英语结构时，可以发现"be""have"的表现实际上是更深层面的基本常规的一个实例。

请注意，have 作为助动词出现在 $John + C + have + en + arrive$（形成内核句"John has arrived"的基础）这类终极语符串中时，并不能用同样的歧解分析来解释。这个终极语符串是（37iii）而非（37i）的一个实例，就是说，它可以分析为（57i）而非（57ii）里的情况：

(57)(i) $John - C + have - en + arrive (NP - C + have - ..., 即（37iii）)$
(ii) $John - C - have + en + arrive (NP - C - V..., 即（37ii）)$

虽然 have 在其他的时候（譬如在（52i）里）是作为 V 出现的，但是由于**此处出现**的 have 不是 V，因此该语符串不是（37i）的实例。一个终极语符串的短语结构是从其推导式中被确定的，使用的是§4.1所描写的方法，即把各片段回溯至节点（node point）上[①]。然

[①] 片段的"节点"即片段的起点、发源点。根据§4.1 的（15）的树形图，节点处于分叉处。——译者

而（57）里的 have 在该语符串的推导式里不能回溯到任何标记为 V 的节点上。可是，(52i) 可以做歧解分析，因为（52i）里 have 的出现情况可以在对应于语符串（52i）的推导式的树形图里往回追溯到一个 V 那里，当然也可以往回追溯到一个 have（即其本身）。(57ii) 的分析站不住脚，这一事实使得我们不会推导出 "John doesn't have arrived" "does john have arrived" 之类的非句子。

在本节，我们已看到：当我们采取转换视角的时候，大量明显有差异的现象都会以一种非常简单而自然的方式各归其位，结果是，英语语法就变得简单有序多了。这一点是任何关于语言结构的理念（即任何语法形式的模型）都必须满足的基本要求。我想，这些考察在很大程度上证明了我们早些时候提出的论点：关于短语结构的概念从根本上说并不完善，语言结构理论必须按照这里的讨论所建议的转换分析方法打磨深化。

7.2 我们可以很容易地扩展对上述疑问句的分析，以便包括像下面这样的疑问式：

(58)(i)　what did John eat
　　(ii)　who ate an apple

这样的句子不会得到 "yes（是）"或 "no（不是）"的回答。将此类句子并入语法的最简单的方式是设立一个新的非强制转换式 T_w，该转换式可对以下形式的任何语符串进行加工：

(59)　$X - NP - Y$

该形式中，X 和 Y 代表任何语符串（特别是包括"空"语符串，即第一个或第三个位置可能是空的）。T_w 接着分两步进行操作：

(60)(i)　T_{w1} 将形式 $X - NP - Y$ 的语符串转化为对应的形式 $NP - X - Y$ 的语符串，即把（59）的第一和第二个片段的位置互换，由此获得与 T_q 一样的转换效果（参阅（41）—（42））。

(ii) 如果 NP 是有生名词短语（animate NP），T_{w2} 把结果语符串 $NP-X-Y$ 转化为 $who-X-Y$；如果 NP 是无生名词短语（inanimate NP），则转化为 $what-X-Y$。①

现在我们要求 T_w 只能在已经应用过 T_q 的语符串上使用。我们此前明确规定过，T_q 必须在（29 i）之后、（29ii）之前应用。T_w 的应用是在 T_q 之后、（29ii）之前，并且它只能应用于 T_q 所给出的形式，从这个意义上说，它（的应用）是以 T_q 为条件的。转换式之间的这种条件依存关系（conditional dependence）是一种概括，这一概括表明了强制转换和非强制转换之间的区别，我们在语法中编入这样的内容并不难，也已证明其不可或缺。构成（58 i）和（58ii）（以及（62）（64））的基础的终极语符串是：

（61） $John-C-eat+an+apple(NP-C-V...)$

这里的连接符表示 T_q 所做的分析。正如已看出的那样，（61）是（37i）的一种情况。假如我们对（61）只应用强制转换式，在通过（29i）展开 C 时选择 past，那么我们就会推导出：

（62） # John # eat + past # an # apple # （→ "John ate an apple"）

假如我们把（29i）和 T_q 应用于（61），就推导出：

（63） $past-John-eat+an+apple$

---

① 不妨更简单些，我们可以把 T_w 的应用限制在 $X-NP-Y$ 语符串上，其中 NP 是 he、him 或 it，还可以把 T_{w2} 规定为把任何 Z 转化为 wh + Z 的转换式，该转换式里的 wh 是一个语素。在英语语素音位学中，我们即可得到这些规则：wh + he → /huw/、wh + him → /huwm/、wh + it → /wat/。〔其中 /huw/ 是 who（谁，主格）、/huwm/ 是 whom（谁，宾格）、/wat/ 是 what（什么）。——译者〕

在此，C 体现为 past。如果我们现在把（40）应用到（63）上，引入 do 作为 past 的代显符，就产生简单的疑问式：

(64) did John eat an apple

可是，当我们将 T_w 应用于（63），那么先由 T_{w1} 推导出（65），再由 T_{w2} 推导出（66）：

(65) John − past − eat + an + apple

(66) who − past − eat + an + apple

然后规则（29ii）和语素音位规则把（66）转化为（58ii）。那么，为了形成（58ii），我们先后把 T_q 和 T_w 应用于终极语符串（61），（61）构成了内核句（62）的基础。注意，在此情况下，T_{w1} 只是消弭 T_q 的作用，这就可以解释为什么（58ii）没有倒装。

为了把 T_w 应用到一条语符串上，我们首先选择一个名词短语，然后将此名词短语与其前边的语符串互换位置。在形成（58ii）的过程中，我们选择了名词短语 John，将 T_w 应用于（63）。现在假设我们选择名词短语 an + apple，把 T_w 应用于（63），那么为实现这一转换目的，我们把（63）分析为

(67) past + John + eat − an + apple

这样一条（59）形式的语符串，其中 Y 在此情况下为空项。把 T_w 应用于（67），我们首先通过 T_{w1} 推导出（68），然后由 T_{w2} 推导出（69）：

(68) an + apple − past + John + eat

(69) what − past + John + eat

正如其没能用于（39）或（42i）一样，（29ii）现在不能应用于（69），因为（69）并不包含 Af + v 形式的一个子语符串。于是就把（40）应用于（69），引入 do 作为语素 past 的代显符，再应用

其他规则，我们最终推导出（58i）。

（59）—（60）所细述的 T_w 也可以解释所有像"what will he eat""what has he been eating"这样的 wh- 疑问句。它可以很容易地扩展至涵盖"what book did he read"等疑问式。

请注意，（60i）里确定的 T_{w1} 所施用的转换与 T_q 的转换是一致的，就是说，这种转换是把使用了这一规则的语符串的前两个片段互换了位置。我们尚未讨论转换对语调的影响。假定我们设两种基本的句子语调：降调（falling intonation），此调类与内核句相关联；升调（rising intonation），此调类与是非问句相关联。那么 T_q 的部分功能就是将两种语调中的一种转化为另外一种，在（64）的情况下就是把降调转化为升调。然而，我们已经看到 T_{w1} 只能在 T_q 的后面使用，其转换效果也与 T_q 的相同，因此 T_{w1} 可以把升调变回降调。提出这一点，以此解释疑问句（58i—ii）在通常情况下读陈述句的降调这一事实，看来是有道理的。我们把讨论扩展到语调现象，尚有许多问题，这里所讲的也太粗略，承载不了多少内容，但确实传递出了这样的信息：这样的扩展可能会有成效。

总结一下，我们看到了下列四个句子：

（70）(i)　John ate an apple　　　(=(62))
　　　(ii)　did John eat an apple　　(=(64))
　　　(iii)　what did John eat　　　(=(58i))
　　　(iv)　who ate an apple　　　(=(58ii))

这几个句子都来自于基础终极语符串（underlying terminal string）（61）。（70i）是一个内核句，因为只有强制转换式进入其"转换史"。（70ii）是运用 T_q 从（61）里形成的。（70iii）和（70iv）离内核句更远，因为它们是先后应用 T_q 和 T_w 才从（61）里形成的。我们在 §8.2 里还会简略提到这一分析。

7.3　在 §5.3 中，我们提到过，某些名词短语的形式是 to + VP、ing + VP（"to prove that theorem" "proving that theorem"——参阅（32）—（33））。在这些形式里可以有 "to be cheated" "being cheated" 这样一些短语，它们派生自被动式。可是被动式又从内核句里被删除了，于是 to + VP、ing + VP 类型的名词短语不再通过（33）这样的一些规则引入内核语法（kernel grammar）的范围内。[①] 因此它们必须通过名词化转换式（nominalizing transformation）引入，把一个 NP - VP 形式的句子转化为 to + VP 或 ing + VP 形式的名词短语。[②] 名词化转换式的这个集合，结构引人入胜而又复杂多样，我们将只是针对 §2.3 提出的问题提供一个有关转换的简要解释，除此之外，无意于深入讨论这种结构。

名词化转换式的一种是转换式 T_{Adj}，该转换式可在下列形式的任何语符串上运作：

　　（71）　$T - N - is - Adj$（即 article - noun - is - adjective（冠词-名词- is -

---

① 此句里的 "ing + VP" 在译者见到的各个印本（含第 1 版 1957、1964、1975 诸本及此版本）里都是 "ing + NP"，但根据上下文，应该是指动名词形式，即乔姆斯基记为 "ing + VP" 的形式。原文的 "NP" 显系文字错误，径改。——译者

② 这种名词化转换式将作为（26）那样的广义转换式（generalized transformation）给出，对一对句子进行加工，它把其中一个句子从 NP - VP 转化为 to + VP（或 ing + VP），然后以此转化后的形式在另一个句子里代替一个 NP。我的《语言理论的逻辑结构》和《转换分析》对此有详细讨论，可参阅。——我的《句法转换法》（A transformational approach to syntax），载《1958年得克萨斯大学研讨会论文集》（Proceedings of the University of Texas Symposium of 1958）（即将出版）对这一小节的内容有更丰富而充分的讨论，可参阅。[破折号后面的内容不见于1957年的第1版第1次印本，在1964年的印本中已添加了这一句话。——译者]

形容词))

并且把这一形式转化为对应的名词短语形式 T + Adj + N。据此，可把"the boy is tall"转化为"the tall boy"，等等。这一转换式大大简化了语法，必须朝着此方向做下去，而不是走相反的路线，要证明这一点并不难。当我们恰到好处地构建了这一转换式方法，会发现它能让我们在语言内核句部分舍弃所有的形-名组合（adjective-noun combination），（需要时）通过 T_{Adj} 把它们再度引入即可。

在短语结构语法里，我们有一条规则：

(72)　$Adj \rightarrow old, tall, ...$

这条规则可以列出全部能够出现在(71)形式的内核句里的成分，但是，像"sleeping"这样的词语不能在表中列出，尽管我们可以说这样的句子：

(73)　the child is sleeping

原因是：尽管"sleeping"不包含在(72)之内，(73)却可以通过转换式(29ii)（该转换式将 $Af + v$ 变化为 $v + Af \#$）从基础终极语符串

(74)　the + child + C + be - ing - sleep

推导出来。[①] 语符串中的 be + ing 是助动词（参阅(28iii)）部分。在(73)之外，我们还可以选择不同的助动词，说出"the child will sleep""the child sleeps"等句子。

[①] 原文句子为"... (73) is generate by the transformation (29ii) (that carries $Af + v$ into $v + Af \#$) form the underlying terminal string (74) ..."。句中的"generate"应该是"generated"，"form"应该是"from"。第1版无误。——译者

然而，"interesting"这样的词语必须列入到（73）里。在

(75) the book is interesting

这样的句子里，"interesting"是一个 Adj（形容词），不隶属于 $Verb$（动词）部分，这一点可以从我们不能说"the book will interest""the book interests"等等的事实看出来。

对于"interesting"和"sleeping"的这种分析，"very"等词的用法也可以提供独立的支持："very"等词可以与某些形容词一起出现，却不能与其他形容词一起出现①。释解"very"的最简单的方法是将下列规则放入短语结构语法中：

(76) $Adj \rightarrow very + Adj$

"very"可以出现在（75）中，通常与"interesting"连用，但不能出现在（73）中，也不能跟其他情况下出现的"sleeping"同时出现。因此，如果我们希望保持对"very"的最简单的分析法，就必须把"interesting"而非"sleeping"作为一个 Adj 列入（72）中。

虽然我们已经指出过，有必要在成分结构里使用转换的方法，尤其是，运用了这一方法，转换式便可以是复合的，但是我们尚未具体讨论过这一方法。有关推导出成分结构的一般性条件之一是这样的：

(77) 如果 X 是短语结构语法里的一个 Z，而由转换式形成的语符串 Y 与 X 具有同样的结构形式，那么 Y 也是一个 Z。

尤其是，即使在内核句里删除了被动式，我们还是要说"by-短语"（如"the food was eaten — by the man"）是被动句里的一个介

---

① "一起出现"指"very"修饰某词语。——译者

词短语（prepositional phrase, PP）。(77) 允准了这一情况，因为我们从内核语法里知道，by + NP 就是一个 PP。关于这一点，(77) 讲述得还不足够确切，但是它可以作为推导成分结构的条件集合里的一个条件得到详尽阐述。

那么，现在来考虑 (73) 的情况。"sleeping" 这个词是通过转换（即通过 (29ii)）形成的，形式与 "interesting" 相同（即是 "V + ing" 形式），从短语结构语法我们知道它是一个 *Adj*。因此，依据 (77)，"sleeping" 在转换形式 (73) 里也是一个 *Adj*。可是这就意味着 (73) 可以分析为 (71) 这个形式的一个语符串，因此把 T_{Adj} 用上去，就可形成名词短语：

(78) the sleeping child

这就如同从 (75) 形成 "the interesting book" 一样。这样看来，即使从 (72) 中排除 "sleeping"，它仍然可以作为一个修饰名词的形容词出现。

诚然，这样对形容词的分析（就是要求我们对实际出现的句子加以解释），不会把 "sleeping" 引入到形容词的所有位置上，这些位置是保留在内核句里的 "interesting" 之类的词都可以进入的。例如，这种分析法从来也不会把 "sleeping" 引入到 "very—" 这个语境中。由于 "very" 从来不修饰动词，它就不会出现在 (74) 或 (73) 里，而所有作为修饰语出现的 "sleeping" 都是其在 (74) 等规则里以动词出现的形式推导出来的。同样，可以有一些短语结构规则把动词短语分析为：

(79) *Aux + seem + Adj*

这就如同其他规则把 VP 分析为 *Aux + V + NP*、*Aux + be + Adj* 等那

样。不过，这一语法总是不会把"sleeping"引入到"seems—"的语境，就组构实际出现的句子而言，此语法显然是最简便的。

当我们更为用心地发展这一粗略论证时，我们得出的结论是，这一反映句子实际出现情况的最简转换语法将在生成（81）的同时排除（80）：

（80）(i) the child seems sleeping
(ii) the very sleeping child
（81）(i) the book seems interesting
(ii) the very interesting book

这样，我们就看出，在§2.3 中提到的看起来不可思议的那些区别，即一方的（3）(= "have you a book on modern music?") 和（4）(=（81i））与另一方的（5）(= "read you a book on modern music?") 和（6）(=（80i））之间的区别①，其实都有一个很清晰的结构来源，它们都是从这条最简转换语法推导出来的，从这个意义上说，它们确实是较高层面的规则特点的实例。换句话说，某些语言现象按短语结构处理会显得无以所本、匪夷所思，但是当我们采用转换视角的时候，它们就简单明了、系统有序了。用§2.2 的术语就可以这样说：假如一个说话人想要以可能最简便的方法通过短语结构及转换式"投射"② 其有限的语言经验，这一方法与其经验

---

① 注意这里说的不是（3）与（4）、（5）与（6）的区别，而是（3）（4）和（5）（6）之间的区别，具体说，就是（3）与（5）、（4）与（6）之间的区别。详见陈满华《乔姆斯基〈句法结构〉汉译商兑》，《阅江学刊》2017 年第 4 期第 50 页。——译者

② "投射"这个词已见于§2.2。此处的"投射"语言经验指把语言经验实际运用到语言使用（即言语行为）中。——译者

相吻合，那么他就会选中（3）（4）作为合语法的表达，而舍弃（5）和（6）。

7.4 在 §5.3 的（28）里，我们把 Verb 这个成分分析为 $Aux + V$，然后仅仅罗列了这个 V 词类的一些动词词根。然而，还有许多能产的准动词结构（subconstruction of V）值得一提，因为，它们相当明显地揭示了一些基本情况。先来考虑"动词（verb）+ 小品词（particle）（$V + Prt$）"结构①，譬如"bring in""call up""drive away"等。我们可以有（82）一类的形式，而不能有（83）这样的：

（82）（i） the police brought in the criminal
　　　（ii） the police brought the criminal in
　　　（iii） the police brought him in

（83） the police brought in him

我们知道，中断成分在短语结构语法内部不能轻易得到处理。那么，要分析这些中断成分，最自然的方式就是把下列可能的情况加进（28ii）里：

（84） $V \rightarrow V_1 + Prt$

再配上一个补充规则集指明哪些 V_1 可以跟哪些 Prt 连用。为了让（82ii）有运用的可能，我们设立一个非强制转换式 T_{sep}^{op}，该转换式对有如下结构分析的语符串进行加工：

（85） $X - V_1 - Prt - NP$

其产生的效果是，应用了这一转换式的语符串的第三和第四个片段互换位置，于是这一转换式就把（82i）变化为（82ii）。当宾

---

① 此处的小品词包含"bring in""call up""drive away"里的副词"in""up""away"等，这些副词可置于名词前或名词后，但不能置于代词前。——译者

语 NP 是代名词（Pron）的时候，为了促成（82iii）的生成、排除（83）的出现，我们必须说明该转换式是强制的；与此相称的是，我们就可以设立一条强制转换式 T_{sep}^{ob}，该转换式与 T_{sep}^{op} 具有相同的结构效应①，但它是用于有如下结构分析的语符串：

（86）　$X - V_1 - Prt - Pron$

我们知道，被动转换式（passive transformation）可对任何形式为 $NP - Verb - NP$ 的语符串进行加工。假如我们指定被动转换式应用于 T_{sep}^{op} 或 T_{sep}^{ob} 之前，那么从（82）那里应该就能形成如下被动式：

（87）（i）　the criminal was brought in by the police
　　　（ii）　he was brought in by the police

对动词短语的进一步考察表明，有一种"动词（verb）+ 补语（complement）"（$V + Comp$）的普遍结构形式，该结构的表现很像刚讨论过的"动词 + 小品词"结构。请考虑如下两句：

（88）　everyone in the lab considers John incompetent
（89）　John is considered incompetent by everyone in the lab

如果我们要想通过被动转换从（88）推导出（89），那么必须把（88）分析为"$NP_1 - Verb - NP_2$"，其中 $NP_1 = everyone + in + the + lab$，$NP_2 = John$。就是说，我们一定不可以把被动式应用于（88），而是要用于构成（88）基础的终极语符串（90）：

（90）　everyone in the lab - considers incompetent - John

现在我们就可以通过类同于 T_{sep}^{ob} 的转换式从（90）那里形成（88）。假设我们把（91）与（84）平行添加到短语结构语法上：

（91）　$V \rightarrow V_a + Comp$

---

① 即在语素音位层两者的结构形式完全一样。——译者

现在就可以扩展 T_{sep}^{ob}，允许其既像此前一样应用于（86）形式的语符串上，也应用于（92）形式的语符串上：

(92)　　$X - V_a - Comp - NP$

这个修订了的转换式 T_{sep}^{ob} 就会把（90）转化为（88）。那么对"动词＋补语"和对"动词＋小品词"这两个结构的处理就颇为相似，特别是前者，在英语里是一个非常成熟的结构形式。①

7.5　　对已经讨论过的各种转换式，我们仅仅是粗略地论证了其特定形式的合理性，但是研究这一体系的独特之处这个问题还是很重要的。在以上所考察过的每一种情况以及许多其他情况下，我们都有很清楚明了、易于概括的对简易性的考虑，而这决定了哪个句子集属于内核句、必须用哪些类型的转换式解释非内核句，我想，这一点是可以证明的。作为一个范式个例，我们将简要评述被动转换式的状况。

在§5.4里我们说明过，语法可以有两种情况，一是里面既包括主动式，又包括被动式；一是把被动式从语言内核里面剔

---

① 进一步的研究表明，大部分由规则（91）引入的"动词＋补语"形式本身应该从内核句排除出去，要通过转换从"John is incompetent"等句子推导出来。但是，这是一个很复杂的问题，它要求对转换理论进行深入细致的研究，而我们在这里所做的工作还远远不够。参阅我的《语言理论的逻辑结构》《转换分析》以及《句法转换法》。

对于这些结构的其他几个特点，我们谈得太过简单。关于其是不是一个强制转换式，这点还根本没弄清楚。例如，我们可以用上长长的、复杂的宾语说："they consider incompetent anyone who is unable to..."。那么，我们要细心处理这种情况的话，就可能要扩展 T_{sep}^{op} 而不是 T_{sep}^{ob}。语法宾语或者需要这一转换式，或者排除这一转换式，对语法宾语的这些特征进行研究是很有意思的。这里涉及诸多问题，远不只是句子长短的事。关于被动式，还有一些可能的情况，尽管研究这些情况会很有意思，但是篇幅有限，这里就不讨论了。

除，通过转换式将其重新引入，转换式把主动式里的主语和宾语的位置互调，然后再把 V（动词）替换成"$is + V + en + by$"。这两者中，如果语法取的是前者，那么会比取后者要复杂得多，关于独特性的两个问题就会很自然地马上显现出来。我们要问：第一，是否必须互换名词短语的位置以形成被动式？第二，是否可以这样：将被动式选为内核部分，通过"主动"转换式（"active transformation"）从被动式那里推导出主动式？

首先来考虑一下主语、宾语互换位置的问题。这一互换有必要吗？或者说，我们可以描写出有下列结果的被动转换式吗？

（93） $NP_1 - Aux - V - NP_2$ 重写为 $NP_1 - Aux + be + en - V - by + NP_2$

具体说就是，"John loves Mary"的被动式成了"John is loved by Mary"。

在 §5.4，我们提出了反对（93）的想法，赞成倒装，所依据的是我们有（94）而没有（95）这样的句子这一事实：

（94）（i） John admires sincerity —— sincerity is admired by John
　　　（ii） John plays golf —— golf is played by John
　　　（iii） sincerity frightens John —— John is frightened by sincerity
（95）（i） sincerity admires John —— John is admired by sincerity
　　　（ii） golf plays John —— John is played by golf
　　　（iii） John frightens sincerity —— sincerity is frightened by John

但是我们指出过，这一方法要求设立"合语法性程度"的概念来为它们之间的区别提供证明。我相信这个方法是对的，并清楚地意识到，（94）的句子比（95）的句子相对合语法些，而（95）的句子本身又比"sincerity admires eat"等相对合语法些。例如，任何把抽象名词（abstract noun）与专有名词（proper noun）区分开来的语法都会对（94i、iii）和（95i、iii）那样的区别很敏感，会反映它们之间的区别，肯定地说，语言理论必须提供一些区分的手段。然而，由于我们并没有探讨范畴分析的问题，要说明有更充分的理由反对（93），是一件很有意义的事情。事实上，任何能区分单数、复数的语法都会有足够的解释力，可以使我们能证明被动式需要名词短语的位置互换。

为了弄明白这一点，我们来考虑一下 §7.4 所讨论的"动词 + 补语"结构形式。在（88）（89）之外，我们还有下列句子：

(96) all the people in the lab consider John a fool

(97) John is considered a fool by all the people in the lab

在§7.4中我们了解到，(96)是通过转换式 T_{sep}^{ob}[①] 从下面的基础语符串形成的：

(98) all the people in the lab - consider a fool - John（NP - Verb - NP）

动词（Verb）[②] "consider a fool" 是（91）的一个实例。我们也知道了被动转换式直接应用于（98）。如果被动式让主语和宾语互换位置，那么将正确地从（98）得出作为（96）的被动式的（97）；可是，如果我们拿（93）界定被动式，就会通过在（98）上应用这一转换式推导出以下非句子：

(99) all the people in the lab are considered a fool by John

重要的一点是，我们发现动词即 "consider a fool" 在数方

[①] 本书第1版1957年印本作 "T_{sep}^{op}"，误。1964年印本已改正，此版亦无误。——译者

[②] 本书使用的 "Verb" 概念有时相当于 "verbal phrase"（即 VP），并不限于光杆动词。——译者

面既必须与其主语保持一致，又必须与其宾语保持一致。[①] 这样的动词毫无疑问地证明了被动式必须以主语、宾语互换位置为其基础。

现在考虑被动式是否可以代替主动式来充当内核句。该主张会导致复杂得多的语法，这一点是很容易看出来的。主动式作为内核句的话，短语结构语法会包括（28），（28iii）里就没有了 be + en；但是如果把被动式作为内核句的话，be + en 不得不列入（28iii），一同列入的还有所有助动词的其他形式，我们便不得不增加特殊的规则说明：如果 V 是不及物的，它就不可以有助动词 be + en（即我们不能说"is occurred"），而如果 V 是及物的，它必须有 be + en（即我们不能说"lunch eats by John"）。比较这两种可供选择的办法，无疑可知哪一种相对复杂些[②]，这样我们就只得选择主动式而非被动式作为内核句。

请注意，如果选择被动式取代主动式作为内核句，那么我们会遇到某些性质迥异的棘手问题。主动转换式就不得不应用于下面的语符串上：

（100） $NP_1 - Aux + be + en - V - by + NP_2$

将其转化为 $NP_2 - Aux - V - NP_1$。例如，它可以把

（101） the wine was drunk by the guests

---

① （98）里"a fool"和"John"之间（数）的一致肯定可以支持对"动词 + 补语 + 名词短语"结构形式的更深入的转换分析，这一结构形式在第 110 页的脚注 ① 里提到过。

② 意思是第一种办法（把主动式作为内核句）明显没有第二种办法（把被动式作为内核句）那么复杂。——译者

转化为"the guests drank the wine"，其中，(101)里的"drunk"来源于 en + drink。可是，因为我们可以说"he is very drunk""he seems drunk"等，所以还有一个形容词"drunk"必须跟"old""interesting"等一起列入 (72)（参阅§7.3），并且这个形容词的来源也是 en + drunk。因此看起来在英语的最简句法系统里，句子

(102) John was drunk by midnight

的基础也是可以用 (100) 进行分析的基础终极语符串。换句话说，如果把 (101) 和 (102) 都作为内核句，那么在结构上就没办法把两者适当区分开来。可是，把"主动"转换式应用于 (102) 并不能生成合语法句。

在实际尝试为英语构建一部包含短语结构和转换部分的最简语法时，我们发现内核部分包括主动语态的简单陈述句（事实上这些句子可能是有限数目的），其他句子都可以更简单地描述为转换形式。正如以上讨论的被动转换式的情况那样，朝一个方向实施转换比沿着另一方向实施转换要容易得多，从这个意义上说，我们所考察过的每一个转换式都是不可逆的。这一事实可以用来说明传统上语法学家们的研究实践，譬如，他们习惯开始研究英语语法时所探讨的是简单的"行为者-行为"句（"actor-action" sentence），以及像主-谓或动-宾这样的简单语法关系。没有人在认真研究英语的成分结构时会一开始就考察"whom have they nominated"这样的句子，试图将其分析为两个部分，等等；某些关于英语结构的很详细的考察（如参考文献 [33]）都没有提及疑问句，但是没有一项研究会不包含简单陈述句。转换语法为这一不对称现象（asymmetry）（换言之就是在形式上缺乏理据）提供

了颇为简单的解释，其所依据的是一个假设：语法学家一直是以对语言的正确语感为基础进行研究的。①

7.6 在我们结束英语转换式的讨论之前，还有一点值得提及。在§5 的开头，我们曾指出，如果以某种方式设立组构成分，那么关于连接的规则就会极大地简化，从这个意义上说，连接规则为成分分析提供了一个有用的标准。现在我们把这一规则解读为一种转换式。在许多其他情况下，转换式中句子的表现在其成分结构方面提供了有价值的、甚至令人折服的证据。

举个例子，看看下面一对句子：

(103)(i) John knew the boy studying in the library.
(ii) John found the boy studying in the library.②

从语感上说，这两个句子显然有不同的语法结构（比方说，当我们在 (103) 里加上 "not running around in the streets"，这一点就更清楚了），但是我并不相信仅在短语结构层面能找出任何理由来把它们分析为不同的组构成分。这两种情况的最简单的分析都是 NP – Verb – NP – ing + VP，但若考虑在被动转换式状态下的这两

---

① 在确定两个相关形式哪个更重要时，我们采用布龙菲尔德（Bloomfield）为形态学初步提出的推理方法："……当几个形式部分地相似，就可能出现我们最好以哪种形式作为基础形式的问题……语言结构可以为我们决定这个问题，因为以某一种方式处理的话，我们的描写会弄得过于复杂；若以另一种方式处理，则会相对简单。"(*Language* [New York, 1933], p. 218)。布龙菲尔德接着指出："同样的考察方法往往会导致我们**设立**一个人为的基础形式。"我们也发现这一洞见在转换分析中很有用，例如，当我们设立终极语符串 John – C – have + en – be + ing – read 作为内核句 "John has been reading" 的基础的时候，就是如此。

② 此句有歧义，既可能是 "约翰发现了在图书馆学习的男孩" 的意思，也可能是 "约翰发现那男孩在图书馆学习" 的意思。——译者

个句子的表现,我们就可以得到(104)①,而不能有(105):

(104)(i) the boy studying in the library was known(by John)
(ii) the boy studying in the library was found(by John)
(iii) the boy was found studying in the library(by John)
(105) the boy was known studying in the library(by John)

被动转换式只应用于 NP - Verb - NP 形式的句子。因此,为了得出(104ii),必须把(103ii)分析为:

(106) John — found — the boy studying in the library

句中带的是名词短语宾语 "the boy studying in the library"。由于我们有被动式(104i),(103i)会有一个相对应的分析法。

然而,(103ii)也有被动式(104iii)。从这点上我们可以知道(103ii)是§7.4考察过的"动词+补语"结构的一个个案,它是通过转换式 T_{sep}^{ob} 从基础语符串

(107) John — found studying in the library — the boy

推导出来的,含有动词 "found"、补语 "studying in the library"。就像把(90)转化为(89)一样,被动转换式会把(107)转化为(104iii)。但是(103i)不是语符串 "John — knew studying in the library — the boy"((107)的相同形式)的转换形式,因为(105)不是一个合语法句。

那么,通过研究合语法的被动式,我们确定 "John found the boy studying in the library"(=(103ii))在分析上可以是有歧解

---

① (104)各句若不带括号里表达的内容,就是由第二位的"省略"转换式("elliptical" transformation)形成的,这种转换式把 "the boy was seen by John" 之类的句子转化为 "the boy was seen" 之类的句子。

的，要么可以作 *NP - Verb - NP*，宾语是"the boy studying in the library"；要么可以作 *NP - Aux + V - NP - Comp*，这是（107）的转换形式，该形式有一个复合动词"found studying in the library"。可是，"John knew the boy studying in the library"（=(103i)）只能有第一种分析。最终对（103）的描写，与语感相当吻合。

至于类似情况的另一个例子，请看下一个句子：

（108） John came home

虽然"John"和"home"是 *NP*[①]，"came"是一个 *Verb*，但是通过考察用于（108）的一些转换式的效果，可以看出，不能将其分析为 *NP - Verb - NP* 的个案。我们不能根据被动转换式得出"home was come by John"，也不能根据疑问转换式 T_w 得出"what did John come"。因此，（假如不想把这些转换式的描写搞得过于复杂，）我们就必须用其他办法分析（108），或许就分析为 *NP - Verb - Adverb*（名词短语-动词-副词）吧。除了这样一些考虑，好像还没有非常有说服力的理由来否定对（108）作出的"*NP - Verb - NP*"这种完全违背语感的分析，该分析把"home"当作"came"的宾语。

有相当多的用以确定成分结构的基本标准实际上是转换方面的，我想这样说是公正的。总的原则是：如果有一个转换式，该转换式使语法得到简化，在许多情况下把一些句子导向另一些句子（即根据该转换式，合语法句的集合几乎是封闭的[②]），然后试着给句子确定成分结构，所用方法能让这一转换式总是带来合语

[①] 说"home"是"*NP*"，即将其当作名词性的，这只是暂时的分析，下文提出了新的解读，即将其分析为副词，那样就与一般的解释相符了。——译者

[②] "封闭的"（closed）指数量有限，可以穷尽。——译者

法句，于是就更进一步简化了语法。

读者或许会感觉到，我们的方法有一定的循环论证，甚至还有貌似前后不一致的地方。我们用特定的短语结构分析法确定像被动式这样的转换式，然后在决定如何给这些句子指定短语结构时又是根据这些转换式考虑句子的表现。在§7.5中，我们利用"John was drunk by midnight"（=(102)）没有对应的主动式这一事实作为论据来反对设立一个从被动到主动的转换式（passive-to-active transformation），在§7.6中，我们又用了"John came home"（=(108)）没有被动式的事实作为论据来反对将其成分结构确定为 $NP - Verb - NP$。然而，假如仔细回溯这种论据的每一个例子，就显然无所谓循环论证和前后不一了。在每一种情况下，我们都只关注如何减少语法的复杂度，已经尽力说明了我们建议的分析法明显比已摒弃的备选分析法要更简便。在某些情况下，假如我们舍弃某种转换式，语法会变得更加简单些；在某些情况下，重新确定成分结构会更可取。就这样，我们循着§6初步描述的路径一路走来。我们运用短语结构和转换式，正在努力构建一部比任何已提出的备选方案更简练的英语语法；我们眼下并不考虑这一问题：人们如何才能实际上从英语语料中以机械的方式获得这一语法？无论这些语料怎么丰富，我们现在都未予考虑。我们的目标定得较低，是以评估语法代替发现语法，这一点消除了对以上所谈各类情况中任何糟糕的循环论证的担心。于我而言，跟语感对应得上，能解释显而易见的不规则现象，这些都为我们一直遵循的方法的正确性提供了重要证明。参阅§8。

8 语言理论的解释力

8.1 至此，我们已认识到语言学家的任务是建立某种类型的装置（可称之为语法），假定一门语言事先以某种方式给出了某些信息的话，该装置就能用来生成语言里的全部句子，且只生成句子。我们已经意识到，对语言学家的工作所持有的这一理念使得我们很自然地依据表征层面的集合对语言进行描写，这些层面有的相当抽象，并非琐碎细节。尤其是，这一理念引领我们建立了短语结构和转换结构，以这两种结构作为合语法句的不同表征层面。现在我们接着用迥然不同、独立自足的方法阐述语言学家的工作目标，而这一方法带来的关于语言结构的理念将（与上述理念）颇为相似。

关于语言及语言行为的许多事实都需要解释，而这种解释不仅仅是说明这样那样的语符串（可能还从来没人说出过这样的语符串）是或者不是句子。希望语法对某些这样的事实做出解释，这是合情合理的。譬如说，对许多操英语者而言，音位序列 /əneym/ 是有歧义的，可以是 "a name"，也可以是 "an aim"。假如语法是一个只处理音位的单层面系统（one-level system），我们就没办法解释这一事实。可是，当建立起了形态表征（morphological representation）层面，我们就会发现，因为一些相当自足的理由，我们必须设立"a""an""aim"以及"name"这些语素，它们与音位形式 /ə/ /ən/ /eym/ 以及 /neym/ 相关联。因此，用尽可能最简便的办法尝试建立形态学的自动结果便是，我们发现音位序列 /əneym/ 在形态学层面的表征是有歧义的。通常的情况是，当某一音位序列在某一层面有一种以上的分析方法时，我们就说有**同音异构**的情况存在。这就提出了一个检验各种语法体系的充分性的标准。我们可以通过这样的办法检验一部已知语法是否具有充分性：追问每一种同音异构现象是不是真的有歧义、真正意义上的歧义实际上是不是同音异构现象。① 更为一般地说，如果关于语法形式的某种理念导致一部已知语言的语法在这种检验中是无效的，那么我们就可以质疑这一理念的充分性以及支撑这一理念的语言理论。因此，支持设立一个形态学层面的最理想的理由就是：这样做可以解释清楚用其他方法解释不了的 /əneym/ 的歧义性。

当有些音位序列的表征有歧解的时候，同音异构现象便出现了。假设在某一层面两个各不相同的音位序列可以用相似或相同的方法进行分析，那么我们会希望在某种程度上以类似的方式"理解"这两个序列，就如同双重表征（dual representation）的例子是用一种以上的方法去理解那样。例如，以下句子

（109）(i) John played tennis
　　　 (ii) my friend likes music

---

① 显然，并非所有类型的歧义都可用句法手段分析。例如，我们不会指望一部语法去解释"son"—"sun""light"（分别表颜色和重量）等之类的指称歧义。

霍凯特在《语法描写的两个模型》("Two models of grammatical description," *Linguistic Today, Word* 10.210—233（1954））中用结构歧义的观点阐明了多种语言概念的独立性，其方法与我们在这里所提出的颇为相似。

在音位层面和语素层面是很不一样的,但是在短语结构层面都表征为 NP – Verb – NP;相应地,从某种意义上说,对它们也会有相似的理解,这是显而易见的。一部语法若囿于词语或语素层面,就不能依据这样的语法解释这一事实。这样一些个例使我们产生了设立短语结构层面的动机,该短语结构与此前 §3 所述情况相去甚远。要注意的是,对结构歧义的考辨也可以成为设立短语结构层面的动机。类似于"old men and women""they are flying planes"(即"those specks on the horizon are ...""my friends are ...")这样的表达式显然是有歧义的①,但它们实际上在短语结构层面可做歧解分析,虽然这种歧义在任何更低层面上都分析不出来。不妨回忆一下上文的内容:对短语结构层面的表达式的分析并不依赖单一语符串,而是依赖(15)那样的图解,或者是某个表征语符串(representing string)的集合,效果是等同的。②

我们所提议的是,对"理解句子"这个概念,应该部分地依据"语言层面"的概念进行解读。因此,想要理解一个句子,首先有必要在每一个语言层面上构拟其分析法;我们还可以问这样

---

① "old men and women" 既可能是"老男人和女人"的意思,也可能是"老男人和老女人"的意思;"they are flying planes" 既可能是"它们是正在飞着的飞机"的意思(如 those specks on the horizon are flying planes),也可能是"他们在驾驶着飞机"的意思(如 my friends are flying planes)。——译者

② 这就是我在《语言理论的逻辑结构》和《语言描写的三个模型》里所称的"短语标记"(phrase marker)(上文第 40 页,脚注①)。参阅《语言描写的三个模型》,该文在短语结构语法的范围内讨论了 "they are flying planes" 的同音异构现象。不过,当我们将一部转换语法与短语结构语法并联起来的时候,这个句子就是转换歧解(transformational ambiguity)的一个例子,而不是短语结构内部的同音异构现象。事实上,一旦发展了转换语法,在纯粹的短语结构内部是否会有任何同音异构的情况,这一点还并不清楚。

一个问题：根据这些层面观所构建的语法是否能够为这个"理解"的概念提供令人满意的分析？通过这一问题我们就可以检验已知抽象语言层面的集合是否充分。较高层面的表征相似性和较高层面的表征差异性（同音异构）的情况确实是极端情况，假如我们接受这一框架，那么这些极端情况就证明了较高层面的存在。概言之，我们至少要了解句子在所有层面上是如何分析的，包括在较高层面上是如何分析的，较高层面里有短语结构层面，还有我们将看到的转换结构；否则的话，我们没法完全理解任何句子。

我们展示了一些理解方面的歧义和同一性现象，这些现象在较低层面上无法得到解释，由此我们已能够说明缺乏短语结构的语言结构理论不具备充分性。然而，结果我们发现，即使设立了短语结构并应用于英语之后，仍然剩下大量不可解释的情况。对这些情况的分析表明，还需要一个"更高"层面的转换分析，其所使用的方式不是§§5、7所讨论过的。这里我将只提及几个有代表性的实例。

8.2　在§7.6中我们遇到过一个句例（即"I found the boy studying in the library"=(103ii)），此句在表征上的歧义若不运用转换标准来分析就不能显现出来。我们发现，这个句子在一种解读下是把 T_{sep}^{ob} 运用于"I — found studying in the library — the boy"得到的转换形式，而在另一种解读下，它可以分析为一个 NP - Verb - NP 结构，所带宾语是"the boy studying in the library"。进一步的转换分析可以表明，该句在两种情况下都是构成简单内核句基础的一对终极语符串的转换形式：

8 语言理论的解释力

(110)(i) I found the boy
(ii) the boy is studying in the library

可见这是一个有意思的句例,其歧义是同一内核语符串(kernel string)产生出来的不同转换形式展开的结果。但是,这是一个相当复杂的例子,要求很详细地研究转换式确定成分结构的方式,而更为简单些的、有一个转换来源的歧义例子还是不难找到的。

考查一下短语(111)。它在理解上有歧义:类比于(112i),"hunter"是主语;类比于(112ii),"hunter"则是宾语。

(111) the shooting of the hunters
(112)(i) the growling of lions
(ii) the raising of flowers

在短语结构层面没有好办法解释这一歧义,所有这些短语都表征为 $the-V+ing-of+NP$[①],而用转换的方法,就会有清晰而自然的解释。仔细分析英语就会发现,如果我们把(111)和(112)这样的短语从语言内核里剔除,再通过转换重新引进它们,我们就能简化语法。为了说明(112i)之类的短语,我们设立一个转换式,可以把任何 $NP-C-V$ 形式的句子转化为 $the-V+ing-of+NP$ 形式的对应短语,而且设定该转换式的结果是一个 NP。[②] 为

[①] 的确,(111)的表征可以是有歧义的,"shoot"可以当成及物动词,也可以当成不及物动词,但是这里的关键事实是(111)里的语法关系是有歧义的(即"hunters"可以是主语或者宾语)。语法关系可以依据(15)等的图解形状在短语结构范围内确定,但是用这种办法的话,要想判定在(111)里能找到的语法关系是主语-动词关系还是动词-宾语关系,就会没有判定的依据。如果我们把动词分析为三类,即及物的、不及物的以及兼有及物和不及物用法的,那么甚至这样的(其本身有缺陷的)区别也就不存在了。

[②] 参阅第103页的脚注②。

了说明（112ii），我们设立一个转换式，可以把任何 $NP_1 - C - V - NP_2$ 形式的句子转化为 $the - V + ing - of + NP_2$ 形式的对应 NP。由此这两个转换式的第一个就把"lions growl"转化为"the growling of lions"，第二个把"John raises flowers"转化为"the raising of flowers"。但是"the hunters shoot"和"they shoot the hunters"两者都是内核句。因此，（111）="the shooting of the hunters"就会有两个各不相同的转换式来源，它在转换层面上表征出来时会有歧义。在这两个基础内核句里"shoot"和"hunters"的关系是不一样的，（111）里语法关系上的歧义就是这一事实带来的结果。（112）里就没有这一歧义，因为无论是"they growl lions"还是"flowers raise"都不是合语法的内核句。

同理，请看这一对句子：

（113）(i) the picture was painted by a new technique
(ii) the picture was painted by a real artist

这两个句子在理解上颇为不同，可是在短语结构层面都同样地表征为 $NP - was + Verb + en - by + NP$。然而，它们的转换史迥异。（113ii）是"a real artist painted the picture"的被动式，（113i）是从"John painted the picture by a new technique"之类的句子通过双重转换形成的：先是转化为被动式，然后再使用省略转换式（74 页脚注 ② 提及过）去掉被动式里的"施事"（agent）。要发现（113）模型的绝对同音结构（absolute homonym）并不难，例如：

（114） John was frightened by the new methods

这句话可以意味着约翰是保守的人——新方法吓着他了，也可以是吓人者以新方法吓了约翰（如果在"was"后面插入"being"，这一解读会更自然些）。[①] 在转换层面，（114）既有（113i）的分析，也可以有（113ii）的分析，这就可以解释其歧义性。

8.3 我们可以从一个完全相反的方面提供例证来使得这一论点更为完备。也就是以若干句子为例，这些句子在短语结构里和较低层面上的表征很不一样，但理解方式是相似的。请考察 §7.2 讨论过的下列句子：

（115）(i) John ate an apple——陈述句
(ii) did John eat an apple——是非问句 ⎤
(iii) what did John eat ⎤   ⎬ 疑问句
(iv) who ate an apple   ⎦——wh- 问句 ⎦

就语感而言，（115）显然包含陈述句（115i）和疑问句（115ii—iv）两类句子。再进一步，各疑问句在语感上可再分为是非问句（115ii）和 wh- 问句（115iii，iv）两类。可是，要为这种分类找出既不先入为主又不仅仅适应于个案的形式依据，实属不易。举个例子说，如果我们根据"正常"语调给句子分类，那么，带正常陈述句语调（降调）的（115i）、（115iii）和（115iv）就与带升调的（115ii）是相反的。如果我们以词序为依据给句子分类，那么，属于正常词序 *NP – Verb – NP* 的（115i）（115iv）就与主语和助动词倒装的（115ii）（115iii）是相反的。然而，任何英语语法的句子分类都是根据（115）所表明的方式进行，任何说英语的人都会根据这种型式理解这些句子。当然，不能为这种分类提供依据的语

[①] 即按第一种理解，施事是"新方法"（new methods），此时主动形式为"New methods frightened John"；按第二种理解，施事不是"新方法"而是句中未出现的某（些）人，就是乔姆斯基所说的"吓人者"（frightening people），此时主动形式为"Some people frightened John by new methods"之类的句子。——译者

言理论必须被认定为是不充分的。

语符串的来源是终极语符串,从基础语符串将其推导出来所依赖的是转换式序列,那么语符串在转换层面上的表征就是由这个(或这些)终极语符串和转换式序列产生的。[①] 在§§7.1、7.2中,我们得出了关于(115)(=(70))各句的一些结论。这组句子里每一句都源自下列基础终极语符串:

(116) John – C – eat + an + apple (=(61))

这个基础终极语符串是在短语结构语法的范围内推导的。把(115i)从(116)推导出来只需应用强制转换式,因此根据界定,它是一个内核句。(115ii)是通过应用强制转换式和T_q从(116)形成的;(115iii)和(115iv)都是通过应用强制转换式、T_q和T_w形成的,它们的相互区别仅在于选择应用T_w的名词短语的不同。假设我们依据转换史即转换层面上的表征形式从总体上确定句子类型,那么(115)的主要再分类情况如下:一类是内核句(115i),另一类是(115ii—iv),该类在转换层面上全部都有T_q。由此,(115ii—iv)全都是疑问式。由于(115iii—iv)是通过附加性辅助转换式(subsidiary transformation)T_w形成的,它们便构成了疑问句的一个特殊子类(subclass)。这样的话,当构建(115)的最简转换语法时,我们发现在语感上觉得正确的句子分类是转换式的表征结果所产生的。

[①] 此处原文是 "... by the terminal string (or strings) form which it originates ...","form" 应该是 "from"。第1版(1957年)无误。——译者

9 句法和语义学

9.1 我们已经发现某些句子有这样的情况：这些句子可以通过一种以上的方式理解，在转换层面上（虽然未见于其他层面）的表征是有歧义的；也发现某些句子有这样的情况：这些句子以相似的方式理解，在转换层面也只有相似的表征形式。这就为以下做法提供了独立的证明，也提供了具有自足性的动因：以转换结构的方法描写语言、设立转换表征形式（transformational representation）作为一个语言层面，该层面所具有的基本特征与其他层面的基本特征是一致的。另外，我们的发现还增强了这个建议的说服力，即"理解句子"的过程可以部分地依据语言层面的理念得到解释。尤其是，要理解一个句子就有必要了解作为该句子来源的内核句（更确切地说是形成内核句基础的终极语符串）以及所有基本要素的短语结构，还要了解来自于这些内核句的已知句子发展变化的转换史。① 这样一来，分析"理解"过程的普遍性问题就简化了，从一定意义上说，就是简化为解释内核句是如何理解的问题，这些内核句被认为是基本的"内容元素"（content

---

① 更加仔细地阐释转换分析时，我们发现：有关一个句子的转换表征的知识（这种知识归并了句子赖以产生的内核语符串的短语结构）就是确定转换形式的导出短语结构的全部所需知识。

element），现实生活中司空见惯、更为复杂的句子就是从这些基本的内容元素通过转换发展形成的。

主张句法结构可以为洞察语义和理解的问题提供办法，我们便步入了有风险的境地。在语言研究中，没有哪一方面的研究比处理句法和语义学（syntax and semantics）之间的关系问题的研究更容易引起混乱、更需要清晰而仔细的系统阐释。真正需要追问的是："在一种已知语言中，已有的句法手段是如何投入到该语言的实际运用当中的？"然而，在研究句法和语义学的内在联系时，人们关注的不是这个非常重要的问题，而是让一个次要的、且被曲解的问题在很大程度占了上风，那就是：语义信息对于发现或选择语法是不是必须的？而在对此问题的争议中，那些持肯定回答的人通常所发出的挑战乃是："假如不诉诸意义，你如何能构建一部语法呢？"

§8 谈到了句法研究可能传递出语义信息，不应该把这一说明误解为暗示支持语法是建立在意义基础上的观点。事实上，§§3—7 所搭建的理论框架完全是形式的、非语义的。在 §8 中我们简略地说明了一些方法，用这些方法可以研究已有句法手段的实际运用情况。在讨论这个问题时，我们可以完全否定为句法理论找到语义基础的可能性，通过这一做法，或许这个问题多少会得到进一步的解释。

9.2.1 人们已经做出了很大努力试图回答这个问题："假如不诉诸意义，你如何能构建一部语法呢？"可是这个问题的提法本身就是错误的，因为这里隐含一层意思：人们显然可以求助于意义来构建语法。这一隐含的想法完全是无本之木。人们同样可以振振有词地反唇相讥："不知道说话人的头发是什么颜色，你怎么能构建一部语法呢？"应该提出的问题是："你怎样才能构建一部语法？"是否有任何人哪怕是部分地用语义的方法尝试详尽地阐发语法结构理论？是否有人为运用语义信息构建语法或评估语法而提出了具体、严格的方案？对这些我一无所知。不可否认的是，"对语言形式的直觉"对于语言形式（即语法）的考察者来说是非常重要的。同样显而易见的是，语法理论的主要目的是用某种严谨而客观的方法取代对直觉的模糊隐晦的依赖。然而，几乎没有什么证据能表明"对意义的直觉"在对语言形式的实际考察中是有用的。关于运用语义去进行语法分析的建议，其不充分性之所以不易察觉，我认为仅仅是因为这些建议含混不清，加上有一种令人感到遗憾的倾向，即把"对语言形式的直觉"和"对意义的直觉"混同起来。这两个说法的共同点只在于：都含混不清，在语言理论上都不适宜。不过，因为有好些人接受了这类建议，或许值得简单考察一下这类建议里的某些内容，尽管在这件事上，提供证据的重任全部落在了声称已经能够用语义学的方法拓展某种语法观念的语言学家身上。

9.2.2 在已经提出的赞成语法有赖于意义的主张中，我们可列举出下列较为常见的一些：

(117)(i) 当且仅当两个话语片段的意义不同，那么它们在音位方面也不同；

(ii) 语素是最小的有意义的单位；

(iii) 合语法句是那些有语义的句子；

(iv) 主语-动词之间的语法关系（即由 *Sentence*（句子）析出的 *NP – VP*）对应于一般的"行为者-行为"这一"结构意义"（structural meaning）；

(v) 动词-宾语之间的语法关系（即由 *VP*（动词短语）

析出的 Verb – NP）对应于"行为-目标"或"行为-
行为的对象"这样的结构意义；

（vi）主动句和对应的被动句是同义的。

9.2.3 很多语言学家表达了这样的观点：音位差别（phonemic distinctness）必须依据意义差别（用一个更熟悉的术语就是"同义性"（synonymity））来定义，(117i) 提出了这层意思。然而，很快就可以清楚地看出，(117i) 所持有的观点不能作为音位差别的定义来接受。[①] 假如我们不是想当然的话，这里讨论的话语必是个例（token），而非类型（type）。但是，有些话语个例的音位不同而意义相同（同义结构（synonym）），也有些话语个例的音位相同而意义不同（同音结构（homonym））。因此，(117i) 从两个方向看都是不对的。从左到右，它的错误从以下几组单位可看出："bachelor"（单身汉）和"unmarried man"（未婚男人）；或者更严重的是，还有绝对同义词（等义词）（absolute synonym），譬如"/ekɨnámiks/"和/iykɨnámiks/（"economics"）、"ádult"和"adúlt"[②]、/rǽšɨm/ 和/réyšɨn/（"ration"）[③]。这样的还有不少，它们甚至可以在同一语体内并存。从右到左，(117i) 的错误从"bank"（河岸）和"bank"（银行）[④]、"metal"（金属）和"medal"（奖牌）（许多方言

---

① 有关 (117i) 的更为详细的考察，见 N. Chomsky, "Semantic considerations in grammar," *Monograph no. 8*, 141—153（1955）。

② 指同一个词重音不一样。——译者

③ 指"ration"有两可的读音。——译者

④ 请注意，我们不能主张"the river bank"里的"bank"与"the savings bank"里的"bank"是同一个词出现了两次，因为这恰恰就是我们正在考察的问题［即同音词或同形词问题，而如果承认同音词或同形词，那么例中的两个 bank 就不是出现了两次的同一个词。——译者］。说两个话语个例是同一词语出现两次，就等于说它们在音位上没有区别，大体上说，这应该就是 (117i) 为我们确定的同义性的标准。

里的读法①）等很多这类例子可以看得出。换句话说，假如我们依据（117i）把两个话语个例归为同一话语类型，那么我们分出的类在许多情况下肯定都是错误的。

稍弱于（117i）的说法可阐述如下。不妨这样假设：我们在分析任何语言之前已经有了一套独立的语音系统，且要保证该系统足够详细，可以用不同音标把任何语言里每一对音位不同的话语转写出来。现在就可能有这种情况：某些不同个例用这一语音转写系统转写后会完全一样。当一个话语个例与其他某些话语个例有相同的语音转写形式时，假如我们把该话语个例的"歧解义"（ambiguous meaning）定义为所有这些话语个例的意义集合，我们就可以修订（117i），将"意义"替换为"歧解义"。如果我们有庞大的语料，在这些语料中，我们可以在相当程度上肯定某一具体词语的每个不同音的形式都与该词语可能有的每一个意义共现，就可能为解决同音现象的问题提供一种研究方法。进一步发展这一方法②，用以处理同义结构，这个可能性还是有的。以这样的方式，人们可以期望在大规模语料中通过对语音转写项的意义进行艰辛的考察，确定音位差别。可是，以任何精准而切合实际的方式确定某几个语言项有多少个意义是相同的，这都很难，加之工作量巨大，这就使得以任何这样的方式进行研究的前景都显得很不明朗。

9.2.4 值得庆幸的是，我们不必为了确定音位差别而追求任何

---

① 指在许多方言里"metal"和"medal"这两个词的发音一样。——译者

② 原文"It may be possible to elaboratei this approach ..."里的"elaboratei"显然系"elaborate"之误。1957年版无误。——译者

如此牵强而复杂的程序。在实践中,每一位语言学家都采用简单得多、也直接得多的非语义手段(non-semantic device)。假设一位语言学家有兴趣确定"metal"和"medal"在某方言里是否有音位上的差异,那么他不会去考察这两个词语的意义,因为这种信息显然与他的目的不相干。他知道这些意义是不同的(或者他干脆就不关心这个问题),他所感兴趣的是确定这两个词语在音位上是否有差异。一位认真的田野调查者可能会采用配对测验(pair test)[①],要么用两个发音人,要么用一个发音人和一台磁带录音机。例如,他可能会随机记录自己感兴趣的系列话语个例,然后确认发音人是否能始终如一地将它们分辨出来。假如能持续分辨出来,语言学家可以运用更为严格的测试,请发音人多次重复每一个词语,重复中反复进行配对测验。假如在重复中保持了前后一致的差异,他就说"metal"和"medal"有音位上的差异。这种配对测验及类似做法,以及对这种方法的改进,为我们提供了一个完全依据非语义方式判别音位差别的清楚明了的操作标准。[②]

[①] 参阅 N. Chomsky, "Semantic considerations of grammar," *Monograph* no. 8, pp. 141—154 (1955); M. Halle, "The strategy of phonemics," *Linguistics Today, Word* 10.197—209 (1954); Z. S. Harris, *Methods in structural linguistics* (Chicago, 1951), pp. 32f.; C. F. Hockett, *A manual of phonology* = Memoir 11, Indiana University Publications in Anthropology and Linguistics (Baltimore, 1955), p. 146.

[②] 劳恩斯伯里(Lounsbury)在论文《坡尼人亲属称谓用法的语义学分析》("A semantic analysis of the Pawnee kinship usage," *Language* 32.158—194(1956), p. 190)中认为,在区分自由变异(free variation)和对比变异(contrast variation)时有必要利用同义现象:"假如一个不懂英语的语言学家记录从我嘴里发出的'cat'这个词,起先他记下一个词尾送气塞音(final aspirated stop),后来又记下一个词尾前声门化无除阻塞音(final preglottalized unreleased stop),这份语音资料不会告诉他这些形式是对比性的还是非对比性的。他得问我即他的发音人:第一个形式的

对于语法研究的非语义方法，人们习惯把它看成语义方法的可能替补方案，哪怕这些非语义方法原则上是有可能（成立）的，他们也还是责怪这些方法过于复杂；可是我们发现，至少就音位差别而言，情况正好相反。用配对测验这样的非语义手段确定音位差别，这一方法颇为直截了当、具有可操作性。原则上也可能开发出某些基于语义的方法，对应于配对测验及其改进的方法，但是任何这样的程序都显得相当繁复，需要对海量语料进行穷尽分析，语言学家想要确定一个已知音素序列（phone sequence）可能有多少个意义，会卷入到相当无望的工作中。

9.2.5 在讨论任何研究音位差别的语义方法时，都还有一个原则方面的困难应该提及。我们还没有问过：给互有区别（但音位相同）的话语个例指定的意义是同一的还是仅仅非常相似？如果

（接上页）意义与第二个形式的意义是否有区别？而我说没有区别；只有当这个时候，他才能够继续他的音位分析。"作为一般的方法，他的这一招数是不成立的。假如该语言学家记下 /ekɨnámiks/ 和 /iykɨnámiks/、/viksɨn/ 和 /fiymeyl ǂ faks/ 等，问这些词的意义是否不一样，那么他将得知这些词的意思没有差别，如果他真正采取这一立场的话，就会不正确地把它们归入相同的音位分析。另一方面，有许多发音人并不区分"metal"和"medal"，尽管如果追问他，他可能就会相当肯定地说它们是有区别的。毋庸置疑，这种发音人对劳恩斯伯里关于意义的直接发问的反应肯定会把这个问题搞得云山雾罩。

我们可以让劳恩斯伯里的立场更好接受点，办法是：用"它们是同一个词吗？"发问，代替"它们的意思一样吗？"这个提问。这样将避开本质上无关的语义问题的陷阱，可是这种形式也很难接受，因为这就意味着要求发音人来干语言学家的活儿；它通过发音人对其（语言）行为的判断代替了关于（语言）行为的操作性测验（譬如配对测验）。关于语言概念的操作性测验可以要求发音人做出反应，但不是让其表达对自己的行为表现的看法、自己对同义词、音位差别的判断，等等。发音人的看法可能是以各式各样的无关因素为基础的。假如不想让语法研究的运作基础卷人细枝末节当中，这便是一条必须细心观察的重要区别。[此句话原文中的"... is not be trivialized"有误，应为"... is not to be trivialized"，1957年版无误。——译者]

是后者，那么确定音位差别的全部困难与确定意义的同一性的困难一样大（甚至更大，因为这个论题本身就是含糊不清的），我们将不得不确定什么时候两个不同的意义才会相似到足以被认为是"一样的"。另一方面，有一种观点认为，指派的意义总是一样的，词语意义是每次出现时的固定不变的元素，假如我们试图坚持这个立场，就可能被指责为循环论证。看来，要坚持这一立场，唯一的办法或许是把个例的意义当作以下内容看待："使用（或者可以使用）此类个例的方法"，个例可以使用的情景类别，它们通常会引起的反应的类型，或者诸如此类的东西。可是，如果事先没有确立关于话语类型的概念，就很难从这样的意义概念看出什么意思来。这么看来，即便撇开不谈我们此前提出的那些反对意见，任何基于语义方法的研究音位差别的方法，也都是要么循环兜圈子，要么以某种差别为基础，这种差别跟应该用它去阐明的那个差别相比，在很大程度上更难以确定下来。

9.2.6 那么，我们怎么解释（117i）那样的构想被不少人接受了呢？我认为这个问题有两种解释。有一部分原因是，人们觉得语义方法能以某种方式信手拈来，简单得很，无须分析。然而，任何旨在提供细致描写的尝试都会立刻打消这一虚妄的想法。就像任何非语义的方法那样，某些语法概念的语义研究方法也要求审慎而详实地阐发。况且正如我们已看到的，以语义方法研究音位差别是困难重重的。

我相信，人们之所以提出（117i）这样的构想，第二个原因是混淆了"意义"和"发音人的反应"。因此我们发现有下列关于语言学方法的议论："在语言分析中，就操作层面而言，我们是依据意义反应的不同来确认（语言）各形式之间的对立的。"① 在 §9.2.3 中我们已观察到，如果以任何直接的方式通过意义反应来确定对立，那么我们肯定会在许多地方做出错误的决定；而假如我们想避开接踵而至的困难，就会被牵引着去进行如此复杂的理论构建，也会产生如此不可容忍的一些假设，因此很难将其视为一个严肃的方案。况且在 §9.2.5 中，我们还看到了在原则方面显然有更大的困难。因此，假如从字面解读上文引用的这一观点，我们就必须将其视为错误的东西而抛弃。

当然，如果我们从这一表述②里删除"意义"一词，那么参考配对测验这样的手段就完全可接受了。不过，无论用什么办法，都不能保证把配对测验中所研究的反应解读为语义方面的反应。③人们完全可以设计出一种用于考察押韵的操作性测验，这种测验可以证明"bill"和"ball"是不通押的，并沿用此法表明"bill"和"pill"是通押的。这种测验与语义毫不相干。音位一致（phonemic identity）从根本上说就是完全同韵。没有理由设定在"bill"和"pill"的情况下会产生某种未察觉的语义反应，更没有理由设定在"bill"和"bill"的情况下会有任何这种语义反应。

---

① F. Lounsbury, "A semantic analysis of the Pawnee Kinship usuage," *Language* 32.158—194（1956）, p. 191.

② "这一表述"指（117i）里的说法。——译者

③ 在配对测验中，可以请调查对象（发音人）通过意义辨识话语个例，但不要被这一事实迷惑。调查者不妨请他以任意挑选的数字、十二星象标志等来辨识话语个例。我们不会主张语言学是以算数或占星术为基础的，那么也就不会利用配对测验中的某些特定构想来主张语法理论有赖于意义。

令人感到蹊跷的是，那些反对以（117i）这类构想为语言学基础的人被指斥为无视意义。相反，情况好像是这样的：提出（117i）的变通性方案的人一定是在对"意义"进行非常广义的解读，以致对语言的任何反应都被称为"意义"。然而，接受这样的观点，无异于把"意义"这个术语的价值和意义一扫而光。我想，任何人如果希望挽救"意义研究"这个短语，让其可以用来描写语言研究的一个重要方面，那么他必须摒弃把"意义"与"对语言的反应"等同起来的做法，也一并放弃（117i）那样的说法。

9.2.7　当然，正如不可能证明任何其他已知的集合概念之间没有丝毫关联一样，要证明在语法中语义概念没什么用处是不可能的。然而，对这样一些方案的考察看来必然会导致一个结论：唯有纯粹根据形式，才能为语法理论的构建提供一个坚实而有效的基础。对每一个定向于语义的方案进行详实的考察，会超出本研究的范围，还会不得要领，但是，我们可以简略地提及一些与（117）这类熟悉的提议显然相反的例证。

像"I want to go"里的"to"或者"did he come?"里的"do"这样的假位负载成分（dummy carrier）（参阅§7.1）很难说有任何独立意义上的语义；如果一个独立的意义概念清楚显示出来了，那么看来就有理由认为它可以指定某种意义给类似于"gleam""glimmer""glow"里的 *gl-* 这样的非语素单元（non-morphemes）。[①] 由此我们就有了跟（117ii）那条建议相反的例证，

[①] 更多例子见 L. Bloomfield, *Language*（New York, 1933）, p. 156；Z. S. Harris, *Methods in structural linguistics*（Chicago, 1951）, p. 177；O. Jespersen, *Language*（New York, 1922）, chapter xx。

9 句法和语义学

该建议把语素定义为最小的有意义的单位。我们反对像（117iii）那样的提议，即把"语义"（semantic significance）作为衡量是否合语法的通用标准，对此我们在§2中已给出理由。（117iv）断言，主语-动词的关系具有行为者-行为这一"结构意义"，而假如严格地将意义看作是独立于语法之外的概念，那么像"John received a letter"或"the fighting stopped"这样的句子清楚地表明这一说法站不住脚。与此类似，（117v）把动词-宾语关系指定为任何像行为-目标这样的结构意义，这种做法会遇到"I will disregard his incompetence"或"I missed the train"这类句子的阻力。与（117vi）相反，我们可以描述一下这样的情况："量化"（quantificational）句"everyone in the room knows at least two languages"可能是真的，而对应的被动句"at least two languages are known by everyone in the room"却对不上，我们依据的是对这两句话的一般性解读——譬如说，假设在这个房间里有一个人只懂法语和德语，而另一个人只懂西班牙语和意大利语，那么这就表明，甚至最弱的语义关系（事实上的等同关系）也并不普遍地固定存在于主动式和被动式之间。

9.3 但是，这些反证不应该让我们对此事实视而不见：形式上、语法上的分析所发现的结构和成分，与具体语义功能之间存在惊人的对应关系。（117）的主张没有一条是完全错误的，有些几乎是正确的。那么，看来很清楚，语言的形式特征和语义特征之间存在某种对应关系，尽管这种对应是不完全的，却也是不可否认的。这种对应关系很不确切，这一事实表明，相对而言，在语法描写中以意义为基础是无济于事的。①仔细分析每一个主张依赖意义的想法就可以确认这一点，还可以表明，事实上如果过于追踪模糊不清的语义线索，会错过对语言结构的重要领悟和概括。例如，我们已经理解，主动-被动结构关系仅仅是形式语言结构的很普通、很基本的方面之一实例。假如只是靠同义现象这样的理念去考察主动-被动关系的话，那么主动-被动结构、否定结构、陈述-疑问结构以及其他转换关系之间的这种相似性本来是不会被揭示出来的。

然而，形式特征和语义特征之间存在对应关系，这一事实不能忽视。这种对应关系应该用一种更为一般的语言理论进行研究，该理论要包括语言形式理论和语言使用理论作为其组成部分。在§8中我们发现，这两个领域之间显然存在颇具普遍意义的一些关系，这些关系类型值得展开更为深入的研究。确定了语言的句法结构之后，我们就可以研究这种句法结构在语言的实际功能中是如何发挥作用的。§8简略提到过对层面结构的语义功能的考察，这种考察或许是构建句法和语义学内部关联理论的一个合理步骤。

---

① 我们怀疑语法若以语义为基础就不能有效地发展，关于这一点的另一个理由在§9.2.5中的具体位音差别例子里已有所见。更一般地说，看起来即使语言意义承载单位以及这些单位之间的关系都已确定，对意义的研究仍然困难重重，以致任何想摆脱这些确定因素去研究意义的尝试都是不会成功的。换句话说，假设有了工具语言（instrument language）和形式手段，我们就能够也应该考察其语义功能（例如见 R. Jakobson, "Beitrag zur allgemeinen Kasuslehre," *Travaux du Cercle Linguistique de Prague* 6.240—288（1936））；但是我们显然找不到先于语法即为人所知的绝对语义元素（semantic absolute），它们可以用来以任何方式确定语言的目标。["绝对语义元素"指可以完全脱离语法而存在的语义成分，或译"独立语义元素"。——译者]

9 句法和语义学

其实，我们在 §8 中已指出，语言形式和语言使用之间的相关性（correlation）甚至提供了一套初步的标准，这套标准可检验语言理论以及依据该理论形成的语法是否充分。对形式理论的判断，我们依据的是它能否解释和弄清楚种种事实，这些事实关涉的是使用和理解句子的方式。换言之，我们应该乐意看到语法将语言的句法框架独立显现出来，让其能够支持语义描写；而假如某一形式结构理论能导出更充分地满足这一要求的语法，那么我们自然会给予这一形式结构理论更高的评价。

看来，短语结构和转换结构为语言提供了组织和表达内容的主要句法手段。特定语言的语法必须说明在所涉语言的情境下这些抽象结构实际上是如何体现出来的，而语言理论则必须力图阐明语法的基础，还要阐明对已提出的各种语法方案进行评估和选择的方法。

把 §8 那样的思考引入到处理语法、语义及其关联点的元理论中，我们这样做并没有改变语法结构理论本身的纯形式特征，承认这一点是很重要的。在 §§3—7 中我们用纯形式的手段勾勒了某些基本语言概念的发展概况。我们把句法研究问题当成这样一个问题：构建一个装置来产出特定合语法句的集合，研探可以用来有效地做到这一点的语法属性。像指称、意义、同义等语义概念在句法讨论中起不了什么作用。当然，已概述的理论有严重欠缺——尤其是事先给出合语法句的集合这一假设显然过强，而且或明或暗地希望借助的"简易性"概念也尚未加以分析。尽管如此，据我所知，语法理论的这一发展过程中的缺陷并不能通过部分地依赖语义基础来得到弥补，也不会被缩小。

因此，在§§3—7中我们将语言作为器械或工具来研究，尽力描写其结构而不明显牵涉使用该工具的方法。我们自己为语法设置了形式化要求，这样做的动机很简单——似乎没有其他基础能带来一种严密、有效且"富于启发的"语言结构理论。这一理论应该是彻底的形式化研究科目，这一要求与下列愿望完全吻合：构建理论的方式与平行的语义理论有富于启发性、富有价值的相互联系。在§8中我们已经指出，把语言结构作为一个工具从形式上进行研究，可望洞察语言的实际运用情况，即明了句子的理解过程。

9.4 想要理解一个句子，我们必须了解的绝不仅限于在每一个语言层面上对该句子的分析。我们还必须了解组成句子的语素或词语的所指和意义①，在这件事上自然不能指望语法能起很大的作用；这些概念构成了语义学的话题。在描写词语意义的时候参考该词语内嵌于其间的句法框架，这样做常常是权宜之计，或者说也是必要的。譬如说，描写"hit"的意义时，我们无疑会依据"主语""宾语"的概念描述行为的施事和对象，而"主语""宾

---

① 依我看，古德曼已经相当令人信服地证明：词语意义的概念至少可以部分地缩小范围，即将其看成是包含该词语的表达式所指称的那个概念。见 N. Goodman, "On likeness of meaning," *Analysis*, vol. 10, no. 1（1949）；同前，"On some differences about meaning,", vol. 13, no. 4（1953）。古德曼的方法意味着依据更为清晰的指称理论重新构建了一部分关于意义的理论，而我们的大部分讨论都可以理解为是提出了一个建议，即建议重新构建部分关于意义的理论，该部分理论运用语法结构的完全非语义理论处理所谓的"结构意义"；在这方面古德曼的方法和我们的方法正好是相似的。意义理论的部分困难是："意义"倾向于被当作包罗万象的术语，包括语言的每一个方面，对于这些方面我们几无所知。只要这样的说法是对的，我们认为其他的语言研究方法就会在发展进程中多方面吸收这一理论。

语"作为属于语法理论的纯形式概念，显然是分析得最成功的。①我们自然会发现，可以用部分相似的表述方式从语义上描写某一单个语法范畴的大量词语或语素，例如，以主语和宾语这样的概念描写动词，等等。这没有什么奇怪的，它意味着人们正在相当系统地使用语言里现有的句法手段。可是，我们已看到，从相当系统的使用中进行这样的概括，并且就像把"词汇意义"（lexical meaning）指定给词语或语素那样把"结构意义"指定给语法范畴或结构，这一步骤的有效性是很成问题的。

"结构意义"这一概念的另一普遍而含混不清的用法是指所谓"起语法作用"的语素的意义，这样的语素有 ing、ly 以及介词等等。一种论点认为这些语素的意义不同于名词、动词、形容词的意思，或许还不同于其他大词类的意思，这一观点经常由于人们借助于以下事实而得到了支持：这些语素可以用在空白处或者无意义音节的序列里，以使得整个序列看起来就像一个句子，而实际上，是为了确定无意义单位的语法范畴。例如，在"Pirots karulize etalically"这个序列里，我们根据 s、ize 和 ly 的性质可以知道这三个词语分别是名词、动词和副词。②可是，这一属性并不能清楚地区分"语法"语素和其他语素，因为在"the Pirots karul __ yesterday"或"give him __ water"这样的序列里，第一个例子

---

① 如果我们能足够详细地说明各转换形式是依据基础内核句"理解"的，并充分揭示其普遍性，那么对"hit"意义的这种描写就可以自动说明"hit"在"Bill was hit by John""hitting Bill was wrong"等这样一些转换形式里的用法。

② "Pirots karulize etalically"这个序列包含的三个基本成分都是无意义单位，但由于其中"s""ize"和"ly"的作用，根据英语语法，整个序列便有了一个名（主语）—动（谓语）—副（状语）的句子外观。——译者

的空白处也可以确定为过去式的某种形式，第二个例子的空白处也可确定为"the""some"等，但不能是"a"。在这些情况下，我们只好宁可留出空白也不给出无意义的词语，这一事实可以通过名词、动词和形容词等范畴的能产性或"末端开放性"（open-endedness）得到解释，它们的这一特点与冠词、动词词缀等范畴的情况相反。总之，在一个空白序列里分配系列语素的时候，我们限于选择那些能放置于未填充的位置上的成分，以期形成合语法句。在这一属性方面，无论语素之间有什么不同，都可以用诸如能产性、组合自由以及替换类的大小之类的语法概念得到解释，这样去解释比用任何假定的意义特征去解释显然要更好些。

10　结语

在以上讨论中，我们强调了如下几点：对语言理论最合理的期望是它应该能为语法提供评估程序；虽然有助于语法发现的程序手册无疑会利用语言理论的成果，且尝试制定好这种手册可能会（正如以往已经做到的）对语言理论的形成有重大贡献，但是语言结构理论必须与这样的程序手册清楚地区别开来；如果采用这一观点的话，就没有什么理由反对将语言层面贯通起来，没有什么理由提出较高层面单元完全由较低层面单元构成的思想，或者没有什么理由以为要等到所有音位学或形态学问题都解决了才会有成熟的语法研究。

语法是一个独立于语义学之外的自足研究系统，这样阐述语法是最理想的。尤其是，不能把是否合语法的概念等同于是否有意义（这一概念与统计学上的近似值等级概念也没有任何特殊关联，甚至没有大体上的关联）。我们进行了这项独立的、形式化的研究工作，在此过程中，我们发现：从左至右产生句子、作为有限状态马尔可夫过程的简单语言模型是不可接受的，为了描写自然语言，必须要有像短语结构和转换结构这样一些相当抽象的语言层面。

假如我们依据短语结构把直接描写限制在基本句子的内核

（即主动语态的简单陈述句，不包含复合动词或复合名词短语）上，再通过转换（可能是反复出现的转换）从这些句子（更合适地说是从构成这些句子基础的语符串）推导出所有其他句子，那么我们就能极大地简化对英语的描写，获得对其形式结构的全新而重要的领悟。反过来看，我们已经发现了把一些合语法句转化为另一些合语法句的转换式集合，能够确定特定句子的成分结构，确定的方法是运用这些转换式考察特定句子的成分结构的表现情况，并以各种成分分析作为替补方法。

结果是，我们把语法看成一个三分结构（tripartite structure）。一部语法有一个规则序列，短语结构根据这个规则序列构拟而成；有一个语素音位规则序列，该序列将语素语符串转化为音位语符串；连接这两个序列的是转换规则序列，该序列把含有短语结构的语符串转变为新的语符串，语素音位规则可以应用于这些新的语符串上。短语结构规则和语素音位规则在某种意义上是基本的，而从这个意义上说，转换规则不是基本的。想要把转换式应用到语符串上，我们必须了解该语符串的推导史的某些内容；但是想要应用非转换规则的话，只需了解使用该规则的这个语符串的形式就够了。

我们尝试了由语言理论发展出来的抽象层面来构建英语的最简语法，作为这一尝试的自然结果，我们发现：某些看起来有不规则表现的词语（如"have""be""seem"），在较高层面里表现出规则性，情况确实如此。我们也发现，许多句子在某些层面出现了双重表征，许多成对的句子在某些层面的表征是相似或者相同。在相当多的情况下，双重表征（同音异构）对应于表征句

（represented sentence）的歧解；话语一旦具有语感上的相似性，那么相似的或相同的表征就出现了。

从更为普遍的意义上说，"理解一个句子"这个概念看来必须部分地用语法的方式进行分析。要想理解一个句子，就有必要（虽然肯定并非这样就足够了）在每一个层面上构拟其表征形式，这些层面包括转换层面，在这个层面上，构成已知句基础的内核句在一定意义上可以被认为是"基本内容元素"（elementary content element），该句子就是由这些基本内容元素构建出来的。换句话说，语法结构的形式研究的结果之一便是明确提出了可以支持语义分析的句法框架。虽然系统的语义考察显然在一开始确定基础句法框架时并没有什么帮助，但是如果参考这一基础句法框架，那么对意义的描写就确实能带来好处。可是，作为与"词汇意义"相对的"结构意义"这个概念显得相当可疑，（以为）充分做到一以贯之地使用语言里已有的语法手段就能使其直接获得意义，这也是很成问题的。然而，我们的确发现在句法结构和意义之间很自然地存在诸多重要的对应关系，或者换句话说，我们发现语法手段的运用是相当有系统的。这些对应关系或许能够成为涉及语法、语义及其关联点的语言理论的部分论题，这种理论具有更为普遍的意义。

11　附录一　符号和术语

在此附录里，我们将简单说明我们使用过的新的或人们不太熟悉的符号和术语。

语言层面是表征话语的一种方法。它有有限的符号**词汇**（vocabulary）（在音位层面我们把这些词汇称为语言的**字母表**（alphabet）），可以通过一种操作将它置于线性序列里以形成符号**串**（string），这种操作被称为**相关连接**（concatenation），由"+"号表示。由此，在英语的语素层面，我们有词汇成分单位 the、boy、S、past、come 等，可以组成语符串 the + boy + S + come + past（这可以通过语素音位规则变为单位语符串 /ðɨbóyz # kéym/），表示"the boys came"这一话语。除了音位层面，我们采用斜体字或通过引号来表示词汇符号、表征符号串；在音位层面我们去除相关连接符号"+"，使用常见的斜线，例子已见于上面。我们使用 X、Y、Z、W 作为语符串的变量。

我们偶尔以连字符[①]代替加号来表示相关连接。我们这样做是为了引起对话语内部细分部分的特别注意，而这一细分部分正是我们当时特别关注的地方。有时我们使用较宽的空格来达到同样

[①]　这里所说的连字符（hyphen）实际比一般的连字符（如用于"make-up"里的）要长一些，大小同减号。——译者

的目的。这两种标识手段都不具有系统的意义，将其引入仅仅是为了阐释得清楚明了。在讨论转换式的过程中，我们使用连字符标明运用了某一转换式的语符串的内部细分情况。因此，当我们确定疑问转换式 T_q 具体应用于下列形式的语符串

（118） $NP - have - en + V$（参阅（37iii））

的时候，互换前两个片段，我们的意思是将其应用于

（119） $they - have - en + arrive$

这样的例子中，因为这个语符串里的 *they* 是 NP，*arrive* 是 V。这种情况就有了

（120） $have - they - en + arrive$

这样的转换式，最终的形式就是"have they arrived?"。

我们将"$X \rightarrow Y$"形式的规则解读为指令"把 X 重写为 Y"，在此 X 和 Y 是语符串。用小括号表示一个单位可以出现也可以不出现，用大括号（或用列举的方法）表示在单位间进行选择。于是（121i）和（121ii）

（121）(i) $a \rightarrow b(c)$

(ii) $a \rightarrow \begin{Bmatrix} b+c \\ b \end{Bmatrix}$

是 $a \rightarrow b+c$、$a \rightarrow b$ 这一对备选形式的缩写形式。

除了上面提到的符号，下面列出了其他专用符号首次出现时的页码：

（122） NP（名词短语） 第 45 页

VP（动词短语） 第 45 页

T（定冠词） 第 45 页

N（名词） 第 45 页

NP_{sing}（名词短语单数）	第 48 页
NP_{pl}（名词短语复数）	第 49 页
[Σ, F]①	第 49 页
Aux（助动词）	第 61 页
V（动词）	第 61 页
C（表数兼表时的动词词尾）	第 62 页
M（情态动词）	第 62 页
en（过去分词词尾）	第 62 页
S（词尾 S）	第 62 页
Ø（零词尾）	第 62 页
past（过去时标记）	第 62 页
Af（词缀）	第 62 页
#（词语界限符）	第 62 页
A（对比重音语素）	第 94 页
wh（wh 语素）	第 100 页脚注 ①
Adj（形容词）	第 103 页
PP（介词短语）	第 106 页
Prt（小品词）	第 108 页
Comp（补语）	第 109 页

---

① Σ 表示起始语符串的有限集合，F 表示指令公式的有限集合。"[Σ, F]"表示一种类型的语法，称为"[Σ, F] 形式的语法"，简称"[Σ, F] 语法"，在本书中即指短语结构语法。——译者

12 附录二 英语短语结构规则及转换规则举例

为了方便查阅，我们在这里汇集了在讨论中起重要作用的英语语法规则的例子。假设这里所概要叙述的是形式（35）的语法纲要，那么左边的数字给出的就是这些规则的适当顺序。每条规则右边置于小括号里的数字是正文中该规则的编号。由于后来确定的一些思路或者为了更系统地表述，对正文中的某些规则的形式有所加工。

短语结构：

Σ: # Sentence #（句子）

F: 1. Sentence → NP + VP　　　　　　　　　　（13i）

　　2. VP　　　　→ Verb + NP　　　　　　　　（13iii）

　　3. NP　　　　→ $\begin{cases} NP_{sing} \\ NP_{pl} \end{cases}$　　　　（第49页，脚注 ①）

　　4. NP_{sing}　→ T + N + Ø　　　　　　　（第49页，脚注 ①）

5. NP_{pl} → $T+N+S$ ① （第49页，脚注①）

6. T → *the* （13iv）

7. N → *man, ball,* 等等 （13v）

8. *Verb* → $Aux + V$ （28i）

9. V → *hit, take, walk, read,* 等等 （28ii）

10. Aux → $C(M)(have+en)(be+ing)$ （28iii）

11. M → *will, can, may, shall, must* （28iv）

转换结构：

转换式的说明方式：对应用了该转换式的语符串进行结构分析，并描写该转换式给这些语符串带来的结构变化。

12. **被动式**—非强制的：

结构分析：$NP - Aux - V - NP$

结构变化：$X_1 - X_2 - X_3 - X_4 \to X_4 - X_2 + be + en - X_3 - by + X_1$ （34）

13. T_{sep}^{ob}—强制的：

结构分析：$\begin{cases} X - V_1 - Prt - Pronoun \\ X - V_2 - Comp - NP \end{cases}$ （86）（92）

结构变化：$X_1 - X_2 - X_3 - X_4 \to X_1 - X_2 - X_4 - X_3$

---

① 此处的"S"在第1版（1957年印本）中作"S'"，与本书正文第49页脚注里所列同一规则不符，此版已更正。——译者

14. T^{op}_{sep} —非强制的：

　　结构分析：$X - V_1 - Prt - NP$ （85）

　　结构变化：同 13

15. **数的转换**—强制的：

　　结构分析：$X - C - Y$

　　结构变化：$C \to \begin{cases} S \text{ 用于 } NP_{sing}\text{-语境中} \\ \emptyset \text{ 用于其他语境中} \\ past \text{ 用于任何语境中} \end{cases}$ （29i）

16. T_{not} —非强制的：

　　结构分析：$\begin{cases} NP - C - V \ldots \\ NP - C + M - \ldots \\ NP - C + have - \ldots \\ NP - C + be - \ldots \end{cases}$ （37）

　　结构变化：$X_1 - X_2 - X_3 \to X_1 - X_2 + n't - X_3$

17. T_A —非强制的：

　　结构分析：同 16 （参阅（45）—（47））

　　结构变化：$X_1 - X_2 - X_3 \to X_1 - X_2 + A - X_3$

18. T_q —非强制的：

　　结构分析：同 16 （参阅（41）—（43））

　　结构变化：$X_1 - X_2 - X_3 \to X_2 - X_1 - X_3$

19. T_w —非强制的、以 T_q 为条件的：

　　T_{w1}：结构分析：$X - NP - Y$（X 或 Y 可以是空项）

　　　　结构变化：同 18 （60i）

T_{w2}：结构分析：$NP - X$ （60ii）

结构变化：$X_1 - X_2 \to wh + X_1 - X_2$

在此，$wh + animate\ noun$（有生名词）$\to who$

（参阅第100页脚注①）

$wh + inanimate\ noun$①（无生名词）$\to what$

20. **助动词转换**——强制的：

结构分析：$X - Af - v - Y$（在此，Af 是任何 C 或者是 en 或 ing；v 是任何 M 或 V，或者是 $have$ 或 be）（29ii）

结构变化：$X_1 - X_2 - X_3 - X_4 \to X_1 - X_3 - X_2 \# - X_4$

21. **词界转换**——强制的：

结构分析：$X - Y$（在此 $X \neq v$ 或者 $Y \neq Af$） （29iii）

结构变化：$X_1 - X_2 \to X_1 - \# X_2$

22. ②do **——转换**——强制的：

结构分析：$\# - Af$ （40）

结构变化：$X_1 - X_2 \to X_1 - do + X_2$

广义转换式

23. 连接（转换） （26）

结构分析：S_1 的：$Z - X - W$

S_2 的：$Z - X - W$

---

① 此处（第2版）原文为 "animate noun"，显系误排，我们据1957年原版改为 "inanimate noun"。——译者

② 该转换式以及接下来的各转换式（22至27）的序号在原文中分别是21、22、23、24、25、26，系沿袭了第1版（1957年）的序号错误，径改。——译者

在此 X 是最小单元（例如 NP、VP 等），Z、W 是终极语符串的片段。

结构变化：$(X_1 - X_2 - X_3 ; X_4 - X_5 - X_6) \to X_1 - X_2 + and + X_5 - X_3$

24. T_{so} : （48）—（50）

结构分析：S_1 的：同 16

S_2 的：同 16

结构变化：$(X_1 - X_2 - X_3 ; X_4 - X_5 - X_6) \to$
$X_1 - X_2 - X_3 - and - so - X_5 - X_4$

T_{so} 实际是连接（转换）的复合形式。

25. 名词化转换 T_{to}： （第 103 页脚注 ②）

结构分析：S_1 的：$NP - VP$

S_2 的：$X - NP - Y$（X 或 Y 可以是空项）

结构变化：$(X_1 - X_2 ; X_3 - X_4 - X_5) \to X_3 -to + X_2 - X_5$

26. 名词化转换 T_{ing}： （第 103 页脚注 ②）

同 25，在结构变化中，用 ing 替换 to。

27. 名词化转换 T_{Adj} ： （71）

结构分析：S_1 的：$T - N - is - A$

S_2 的：同 25

结构变化：$(X_1 - X_2 - X_3 - X_4 ; X_5 - X_6 - X_7) \to$
$X_5 - X_1 + X_4 + X_2 - X_7$

语素音位结构

规则（19）（45）；第 86 页脚注 ①；第 100 页脚注 ①；等等。

由此，正如（35）那样，我们便有了3个规则集：短语结构规则、转换规则（含简单转换式和广义转换式）以及语素音位规则。规则的顺序是重要的，在恰当构建的语法中，所有三个部分都要标明这些顺序，同时要区分非强制规则和强制规则；至少在转换部分，还要说明规则之间有条件的依存关系。运用所有这些规则的结果便是一个扩展推导式（例如（13）—（30）—（31）），它以所分析的语言里的音位语符串为终结形式，即（最终形式）是一句合语法话语。我们提出转换规则这一构想，其用意仅仅是抛砖引玉，我们尚未开发出以合适而统一的方式呈现全部规则的处理系统。至于转换分析更详尽的拓展和应用情况，请见第68页脚注②提到的参考文献。

参 考 文 献

1. Y. Bar-Hillel, "Logical syntax and semantics," *Language* 30. 230—237 (1954).
2. B. Bloch, "A set of postulates for phonemic analysis," *Language* 24. 3—46 (1948).
3. L. Bloomfield, *Language* (New York, 1933).
4. N. Chomsky, *The logical structure of linguistic theory* (mimeographed).
5. ——, "Semantic considerations in grammar," *Monograph no. 8,* pp. 141—153 (1955), The institute of Languages and Linguistics, Georgetown University.
6. ——, "Systems of syntactic analysis," *Journal of Symbolic Logic* 18. 242—256 (1953).
7. ——, "Three models for the description of language," *I. R. E. Transactions on Information Theory*, vol. IT-2, Proceedings of the symposium on information theory, Sept, 1956.
8. ——, *Transformational analysis*, Ph. D. Dissertation, University of Pennsylvania (1955).
9. ——, with M. Halle and F. Lukoff, "On accent and juncture in English," *For Roman Jakobson* ('s-Gravenhage, 1956).
10. M. Fowler, Review of Z. S. Harris, *Methods in structural linguistics*, in *Language* 28. 504—509 (1952).
11. N. Goodman, *The structure of appearance* (Cambridge, 1951).
12. ——, "On likeness of meaning," *Analysis*, vol. 13, no. 1 (1949).
13. ——, "On some differences about meaning," *Analysis*, vol. 13, no. 4 (1953). Both 12 and 13 are reprinted, with an addditional note, in *Philosophy and Analysis*, M. Macdonald, editor (New York, 1954).

14. M. Halle, "The strategy of phonemics," *Linguistics Today, Word* 10. 197—209 (1954).
15. Z. S. Harris, "Discourse analysis," *Language* 28. 1—30 (1952).
16. ——, "Distributional structure," *Linguistics Today, Word* 10. 146—162 (1954).
17. ——, "From phoneme to morpheme," *Language* 31. 190—222 (1955).
18. ——, *Methods in structural linguistics* (Chicago, 1951).
19. ——, "Cooccurrence and transformations in linguistic structure," *Language* 33. 283—340 (1957).
20. F. W. Harwood, "Axiomatic syntax: the construction and evaluation of a syntactic calculus," *Language* 31. 409—414 (1955).
21. L. Hjelmslev, *Prolegomena to a theory of language* = Memoir 7, Indiana Publications in Anthropology and Linguistics (Baltimore, 1953).
22. C. F. Hockett, "A formal statement of morphemic analysis," *Studies in Linguistics* 10. 27—39 (1952).
23. ——, *A manual of phonology* = Memoir 11, Indiana University Publications in Anthropology and Linguistics (Baltimore, 1955).
24. ——, "Problems of morphemic analysis," *Language* 23. 321—343 (1947).
25. ——, "Two models of grammatical description," *Linguistics Today, Word* 10. 210—233 (1954).
26. ——, "Two fundamental problems in phonemics," *Studies in Linguistics* 7. 33 (1949).
27. R. Jakobson, "Beitrag zur allgemeinen Kasuslehre," *Travaux du Cercle Linguistique de Prague* 6. 240—288 (1936).
28. ——, "The phonemic and grammatical aspects of language and their interrelation," *Proceedings of the Sixth International Congress of Linguistics* 5—18 (Paris, 1948).
29. O. Jespersen, *Language* (New York, 1922).
30. F. Lounsbury, "A Semantic analysis of the Pawnee kinship usage," *Language* 32. 158—194 (1956).
31. B. Mandelbrot, "Simple games of strategy occurring in communication through natural languages," *Transactions of the I.R.E.,* Professional Group

on Information Theory, PGIT-3, 124—137（1954）.
32. ——, "Structure formelle des textes et communication: deux études," *Word* 10.1—27（1954）.
33. E. Nida, *A synopsis of English syntax*（South Pasadena, 1951）.
34. K. L. Pike, "Grammatical prerequisites to phonemic analysis," *Word* 3.155—172（1947）.
35. ——, "More on grammatical prerequisites," *Word* 8.106—121（1952）.
36. W. V. Quine, *From a logical point of view*（Cambridge, 1953）.
37. C. E. Shannon and W. Weaver, *The mathematical theory of communication*（Urbana, 1949）.
38. H. A. Simon, "On a class of skew distribution functions," *Biometrika* 42.425—440（1955）.
39. R. S. Wells, "Immediate constituents," *Language* 23.81—117（1947）.

关于生成语法的部分补充文献

Bar-Hillel, Y., C. Gaifman, E. Shamir, "On categorial and phrase-structure grammars," *The Bulletin of the Research Council of Israel*, vol. 9F, 1—16（1960）.

Bar-Hillel, Y., M. Perles, E. Shamir, *On formal properties of simple phrase structure grammars, Technical report no. 4,* U. S. Office of Naval Research, Information Systems Branch（July, 1960）.

Chomsky, N., "A transformational approach to syntax," *Proceedings of the 1958 University of Texas Symposium on Syntax*（to appear）.

——, "On certain formal properties of grammars," *Information and Control* 2.133—167（1959）.

——, "A note on phrase structure grammars," *Information and Control* 2.393—395（1959）.

——, "On the notion 'rule of grammar'," *Proceedings of the symposium on the structure of language and its mathematical aspects*, American Mathematical Society, vol. 12.6—24（1961）.

——, "Some methodological remarks on generative grammar," *Word* 17. 219—239（1961）.

——, "Explanatory models in Linguistics," *Proceedings of the 1960 International Congress on Logic, Methodology and Philosophy of Science*, P. Suppes, editor,（to appear）.

Chomsky, N., and M. Halle, *The sound pattern of English*（to appear）.

Gleitman, L., "Pronominals and Stress in English Conjunctions"（to appear in *Language Learning*）.

——, "Causative and Instrumental Structures in English"（to appear）.

Halle, M., *The sound pattern of Russian*（'s-Gravenhage, 1959）.

——, "Questions of linguistics," *Nuovo Cimento* 13. 494—517（1959）.

——, "On the role of simplicity in linguistic descriptions," *Proceedings of the symposium on the structure of language and its mathematical aspects*, American Mathematical Society, vol. 12. 89—94（1961）.

Halle, M., and K. Stevens, "Analysis by synthesis," in: L. E. Woods and W. Wathen-Dunn, eds., *Proceedings of the Seminar on Speech Compression and Processing*, Dec. 1959, AFCRC-TR-'59—198, vol II, paper D—7.

Householder, F., "On linguistic primes," *Word* 15（1959）.

Klima, E. S., "Negation in English"（to appear）.

Lees, R. B., *The grammar of English nominalizations*, Supplement to *International Journal of American Linguistics* 26（1960）.

——, "A multiply ambiguous adjectival construction in English," *Language* 36. 207—221（1960）.

——, "The English comparative construction," *Word* 17. 171—185（1961）.

——, "O pereformulirovanii transformacionnyx grammatik"（to appear in *Voprosy Jazykoznanija 10* #6（1961））.

——, "On the So-called 'Substitution-in-Frames' Technique"（to appear in *General Linguistics*）.

——, "On the Constituent-Structure of English Noun-Phrases"（to appear in *American Speech*）.

——, "Some Neglected Aspects of Parsing"（to appear in *Language Learning*）.

——, "The Grammatical Basis of Some Semantic Notions"（to appear in

Proceedings of the Eleventh Annual Round Table Conference, Georgetown University Monograph Series).

——, "On the Testability of Linguistic Predicates" (to appear in *Voprosy Jazykoznanija* 11 (1962)).

——, *Turkish Phonology* (to be published by *Uralic and Altaic Series*, Indiana University (1962)).

——, "A Compact Analysis for the Turkish Personal Morphemes" (to appear in *American Studies in Altaic Linguistics*, Indiana University, (1962)).

Matthews, G. H., "On Tone in Crow," *IJAL* 25. 135—136 (1959).

——, "A grammar of Hidatsa" (to appear).

——, "Analysis by synthesis of sentences of natural languages," *Proceedings of the International Conference on Mechanical Translation and Applied Linguistics*, National Physical Laboratory, Teddington.

Smith, C. S., "A class of complex modifiers in English" (to appear in *Language*).

Stockwell, R. P., "The place of intonation in a generative grammar of English," *Language* 36 (1960).

审订后记

2002年德国德古意特公司出版了诺姆·乔姆斯基（Noam Chomsky）的《句法结构》第二版，陈满华教授最近将其翻译成中文，商务印书馆要我审订，这是一本语言学的学术名著，我60年前就读过此书的英文本，此后又反复地通读过，熟悉这本书的内容，便欣然同意了。接到陈满华教授的中文译本之后，我仔细地对照英文原文，逐字逐句地审订中文译文，现在全书由商务印书馆出版。这部学术名著博大精深，我们能力有限，翻译工作非常艰辛，犹如登山，我和译者鼎力协作，终于登上了山顶，今天，可以振臂一呼："我们成功了！"

莱特福特（David Lightfoot）从认知科学的角度为本书第二版写了一个导读，在这个中译本审订后记里，我想从与莱特福特的导读不同的视角，以更加形式化的方式，介绍在《句法结构》一书出版前后，乔姆斯基早期运用数学和逻辑方法在语言形式分析方面所做的创新研究，这些研究是乔姆斯基早期研究的精华，成为了《句法结构》一书的数学和逻辑基础，相信这样的介绍将会有助于读者更加深入地理解《句法结构》一书的内容。

乔姆斯基创立了转换生成语法。如果说，索绪尔（De Saussure）语言学说的提出是语言学史上哥白尼式的革命，那么，乔姆斯基的转换生成语法的提出，则是语言学史上的又一次划时代的革命，即"乔姆斯基革命"。

1916年索绪尔《普通语言学教程》的出版，开辟了现代语言学的新纪元，而1957年乔姆斯基《句法结构》的出版，对结构主义的一系列基本原理提出的挑战，则标志着语言学中的"乔姆斯基革命"的开始。这场革命直到今天还没有完结（冯志伟 1982: 96—155）。

《句法结构》（英文本第一版）一书已经出版62年了，这是一本对于语言学、计算机科学、认知科学、心理学和数学都有重要影响的世界学术名著，也是自然语言形式分析的奠基力作。2017年是此书英文本第一版出版60周年，今天我和译者精诚合作，把此书英文本第二版的中译本奉献给读者，以此作为《句法结构》（英文本第一版）出版62年的纪念。

乔姆斯基于1928年12月7日生于美国费城。他的父亲威廉·乔姆斯基（William Chomsky）是一个希伯来语学者，曾写过《戴维斯·金西的希伯来语法》（Davis Kimhi's Hebrew grammar）一文。幼年的乔姆斯基在其父的熏陶下，就爱上了语言研究工作。1947年，他认识了美国描写语言学"后布龙菲尔德学派"的代表人物、著名语言学家哈里斯（Z. Harris, 1909—1992）。在学习了哈里斯《结构语言学方法》（Method in Structural Linguistics）一书的若干内容之后，他被哈里斯那种严密的方法深深地吸引了，几乎到了心醉神迷的程度。从此，他立志以语言学作为自己毕生的事业，进了哈里斯执教的宾夕法尼亚大学，专攻语言学。

乔姆斯基是熟悉希伯来语的，掌握了《结构语言学方法》的基本原理之后，他试图用哈里斯的方法来研究希伯来语，但所获结果甚微。于是，他决定把哈里斯的方法做适当的改变，建立一种形式语言理论，采用递归的规则来描写句子的形式结构，从而使语法获得较强的解释力。

从1947年到1953年，他花了整整六年时间来从事这种研究。其间，1949年他在巴-希勒尔（Y. Bar-Hillel, 1915—1975）的鼓励和支持下，提出了一套描写语言潜在形态的规则系统，1951年在宾夕法尼亚大学完成了硕士论文《现代希伯来语语素音位学》。1951年后，他到哈佛大学研究员协会，以正式会员的身份从事语言研究工作。1953年，他在《符号逻辑杂志》(Journal of Symbolic Logic)上，发表了一篇关于对美国描写语言学的方法做形式化描述的文章《句法分析系统》(System of Syntactic Analysis)。他发现，在结构主义的框架中研究语言，往往会引出错误的结果。

为了完成形式语言理论这一有意义的研究课题，在哈里斯的建议下，乔姆斯基从1953年开始学习哲学、逻辑学和现代数学。这个时期，他受到了古德曼（N. Goodman）的"构造分析法"的影响，同时也受到了蒯因（W. V. O. Quine）对逻辑学中的经验主义批判的影响，他采用的语言研究方法是严格的形式化的。同时，他对美国描写语言学的方法越来越不满意，在哈利（M. Halle）的支持下，乔姆斯基决心同结构主义思想彻底决裂，另起炉灶，走自己的新路。

1954年，乔姆斯基开始写《语言理论的逻辑结构》(The Logical Structure of Linguistic Theory, 简称 LSLT) 一书（Chomsky 1975）。在 LSLT 这部著作中，他初步勾画出自然语言形式分析的理论观点和思想方法。1955年,《语言理论的逻辑结构》(油印本)书稿完成,乔姆斯基回到宾夕法尼亚大学,并以《转换分析》(Transformational analysis)一文获得了博士学位。

1955年秋,乔姆斯基离开了哈佛大学,经哈利和雅柯布逊(R. Jakobson)推荐,到麻省理工学院(MIT)电子学研究室做研究工作,并在现代语言学系任教,讲授语言学、逻辑学、语言哲学等课程。麻省理工学院电子学研究室在著名学者魏斯奈尔(Jerome Wiesner)的领导下,为多学科的联合研究提供了很好的环境,这样,乔姆斯基就有可能去专心致志地从事他所想从事的研究工作。

1956年,乔姆斯基在信息论杂志上发表了《语言描写的三个模型》(Three models for the description of language),采用了马尔可夫模型、短语结构模型和转换模型来分析自然语言,并比较了这三种模型的优点和不足(Chomsky 1956: 113—124)。

这时,乔姆斯基的形式语言理论的思想已基本成熟,他更加清醒地认识到结构主义的路子是错误的,他开始以初生牛犊不怕虎的勇气,大胆地向结构主义挑战。

1956年,乔姆斯基在哈利的建议下,把自己在麻省理工学院给本科生讲课的一些笔记,交给了荷兰摩顿(Mouton)公司的《语言学丛书》(Janua Linguarum)的编辑斯库纳维尔德(C. V. Schooneveld)。斯库纳维尔德独具慧眼,答应出版这些笔记。经过一番修改之后,由摩顿公司在1957年以《句法结构》(Syntactic Structures)为题出版。此书的出版,得到了美国陆军通讯兵团、美国空军科学研究署、航空研发部和美国海军研究署的资助,还得到了美国国家科学基金会和柯达公司的资助。可见美国海陆空三军以及美国国家基金会对于此书的关注。

从此，乔姆斯基的语言学说开始在语言学界传播开来，并进一步发展成为众所周知的转换生成语法（transformational generative grammar）。我们可以说，《句法结构》是自然语言形式分析的奠基性著作，对于现代语言学的发展具有重要的意义。

乔姆斯基在《句法结构》中，阐述了他的形式语言理论（formal language theory）和转换语法（transformational grammar）的新思想（冯志伟 1979: 34—57）。

《句法结构》一书原本是乔姆斯基在麻省理工学院给本科生讲课的笔记，考虑到本科生的接受能力，在§§3—7 这一部分的论述中，有关形式语言理论的内容表述得比较简略，因而理解起来也就比较困难，而形式语言理论恰恰是乔姆斯基对于当代语言学最为重要的贡献，本书中对于形式语言理论的这种简略的表述后面有着深刻的数学和逻辑背景，为了便于读者透彻地理解本书中有关形式语言理论的内容，作为中译本审订者，我根据乔姆斯基在 1956 年至 1963 年间发表的《语言描写的三个模型》（Chomsky 1956: 113—124）、《论语法的一些形式特性》（Chomsky 1959: 113—116）、《上下文无关语法和后进先出存储器》（Chomsky 1962: 187—194）和《语法的形式特性》（Chomsky 1963: 323—418）等论文以及 1975 年正式出版的专著《语言理论的逻辑结构》（Chomsky 1975），以稍微严格的方式介绍乔姆斯基的形式语言理论，相信这样的介绍对于读者深入地理解《句法结构》这本重要的著作将会有切实的帮助。

乔姆斯基认为，形式语言理论的研究对象，除了自然语言之外，还包括程序语言和其他人造语言。在形式语言理论中，语言（language）被看成是一个抽象的数学系统，乔姆斯基把它定义为：按一定规律构成的句子（sentence）或语符串（string）的有限的或无限的集合，记为 L。

每个句子或语符串的长度是有限的，它们由有限数目的符号相互毗连而构成。构成语言的有限个符号的集合，叫作字母表（alphabet）或词汇（vocabulary），记为 V；不包含任何符号的语符串，叫作空句子（empty sentence）或空语符串（empty string），记为 ε。

如果 V 是一个字母表，那么，把由 V 中的符号构成的全部句子（包括空句子 ε）的集合，记为 V^*，而把 V 中除了 ε 之外的一切句子的集合，记为 V^+。例如，如果 V={a, b}，则

V^*={ε, a, b, aa, ab, ba, bb, aaa ……}

V^+ = {a, b, aa, ab, ba, bb, aaa ……}

但是，某语言的字母表 V 中的符号相互毗连而成的语符串，并不一定都是该语言中的句子。例如，the boy hit the ball 在英语中是正确的，叫作合语法的句子；而由同样符号构成的 *the hit the boy ball 在英语中却是不正确的，叫作不合语法的句子。为了区别一种语言中的合语法的句子和不合语法的句子，就有必要把这种语言刻画出来，从而说明在这一种语言中，什么样的句子是合语法的，什么样的句子是不合语法的。

我们可以采用三种办法来刻画语言。

第一种办法，**穷尽枚举法**：把语言中的全部合乎语法的句子

穷尽地枚举出来。

如果语言只包含有限数目的句子,要穷尽地枚举是容易办到的;而如果语言中句子数目是无限的,用简单枚举的办法就行不通。

而且,在很多场合,对于语言中某一个长度有限的句子,还可以采用一定的办法将其长度加以扩展。例如,对于英语句子

> This is the man
> (这是那个男人)

可以将其扩展为:

> This is the man that married the girl
> (这是那个同那姑娘结婚的男人)

还可以进一步扩展为:

> This is the man that married the girl that brought some bread
> (这是那个同带来一些面包的姑娘结婚的男人)

乔姆斯基认为,可以在句子里加上任意数目的 that- 从句,每加一个这样的从句就构成了一个新的更长的句子,而这些句子都是合乎语法的。究竟能加多少个 that- 从句,只与说话人的记忆力及耐心有关,而与语言本身的结构无关。在这个意义上可以说,人们能够加上无限数目的 that- 从句而使句子保持合乎语法。在这样的情况下,用穷尽枚举的办法来刻画语言显然是行不通的。

第二种办法,**语法生成法**:制定有限数目的规则来生成(generate)语言中无限数目的句子。

例如,上面三个句子可以这样统一地加以描述:

设 X 是一个起始符号,S 为句子,R 为 that- 从句,提出重写规则:

$$X \to S$$

$S \rightarrow S \smallfrown R$

这里,"→"是重写符号,"⌒"是毗连符号,利用这两条规则,可以生成数目无限的带 that- 从句的句子。

乔姆斯基把这些数目有限的刻画语言的规则,叫作"语法(grammar)",记为 G。

语法是有限规则的集合,这些规则递归地生成潜在的无限的句子,并排除语言中的不合语法的句子。

语法 G 所刻画的语言,记为 L(G)。

需要注意的是,乔姆斯基在这里所说的"语法",与一般语言学书中所说的"语法"不是一码事,它有着如上所述的特定的含义。

乔姆斯基指出,早在 19 世纪初,德国杰出的语言学家和人文学者洪堡(W. V. Humboldt,1767—1835)就观察到"语言是有限手段的无限运用"。但是,由于当时尚未找到能揭示这种理解所含的本质内容的技术工具和方法,洪堡的论断还是不成熟的。那么,究竟如何来理解语言是有限手段的无限运用呢?

乔姆斯基认为:"一个人的语言知识是以某种方式体现在人脑这个有限的机体之中的,因此语言知识就是一个由某种规则和原则构成的有限系统。但是一个会说话的人却能讲出并理解他从未听到过的句子以及和我们听到的不十分相似的句子。而且,这种能力是无限的。如果不受时间和注意力的限制,那么由一个人所获得的知识系统规定了特定形式、结构和意义的句子的数目也将是无限的。不难看到这种能力在正常的人类生活中得到自由的运用。我们在日常生活中所使用和理解的句子范围是极大的,无论就其实际情况而言还是为了理论描写上的需要,我们完全有理由认为人们使用和理解的句子范围都是无限的。"(乔姆斯基 1982:1—2)

递归是体现"有限手段的无限运用"的最好办法。乔姆斯基提出的"语法"就恰恰采用了递归的办法。

第三种办法,**自动机识别法**:提出一种装置来检验输入语符串,用这种装置来识别该语符串是不是语言 L 中合语法的句子。如果是合语法的句子,这个装置就接收它;如果是不合语法的句子,这个装置就不接收它。

乔姆斯基把这样的装置叫作"自动机"(automata),它是语言的"识别程序"(recognizer),记为 R。

由此可见,刻画某类语言的有效手段,是语法和自动机。语法用于生成此类语言,而自动机则用于识别此类语言。

语法和自动机是"形式语言理论"的基本内容。如果要想了解乔姆斯基关于语言"生成"的基本概念,必须认真地研究他的形式语言理论中关于语法的论述,否则,我们就很难理解"生成"这一概念的实质(冯志伟 1983b:22—31)。

乔姆斯基从形式上把语法定义为四元组:

$$G = (V_N, V_T, S, P)$$

其中,V_N 是非终极符号,不能处于生成过程的终点;V_T 是终极符号,能处于生成过程的终点。

显然,V_N 与 V_T 构成了 V,V_N 与 V_T 不相交,没有公共元素。我们用 ∪ 表示集合的并,用 ∩ 表示集合的交,则有

$$V = V_N \cup V_T$$

$V_N \cap V_T = \phi$（ϕ 表示空集合）

V_N 中的符号用大写拉丁字母表示；V_T 中的符号用小写拉丁字母表示；语符串用希腊字母表示，有时也可以用拉丁字母表中排在后面的如 w 之类的小写字母来表示。

S 是 V_N 中的起始符号，它是生成过程的起点。

P 是重写规则，其一般形式为：

$$\phi \to \psi$$

这里，ϕ 是 V^+ 中的语符串，ψ 是 V^* 中的语符串[①]，也就是说，$\phi \neq \phi$，而可以有 $\psi = \phi$。

如果用符号"#"来表示语符串中的界限，那么，可以从起始语符串 #S# 开始，运用重写规则 #S# → #ϕ_1#，从 #S# 构成新的语符串 #ϕ_1#，再运用重写规则 #ϕ_1# → #ϕ_2#，从 #ϕ_1# 构成新的语符串 #ϕ_2#……一直重写下去，当得到不能再继续重写的语符串 #ϕ_n# 才停止。这样得到的终极语符串 #ϕ_n#，显然就是语言 L（G）的合乎语法的句子。

重写符号"→"读为"重写为"，它要满足如下条件：

i."→"不是自反的；

ii. $A \in V_N$，当且仅当存在 ϕ、ψ 和 ω 使得 $\phi A \psi \to \phi \omega \psi$[②]；

iii. 不存在任何的 ϕ、ψ 和 ω，使得 $\psi \phi \phi \to \psi \omega \phi$；

---

① V^* 表示由 V 中的符号构成的全部语符串（包括空语符串 ϕ）的集合，V^+ 表示 V^* 中除 ϕ 之外的一切语符串的集合。例如，如果 V={a, b}，则有

V^*={ϕ, a, b, aa, ab, ba, bb, aaa……}，

V^+={a, b, aa, ab, ba, bb, aaa……}。

② "当且仅当"是数学上表示充分条件的一种习惯用法，它的含义是"在某种条件下，而且只在这种条件下"。

iv. 存在元素对 (χ_1, ω_1), ……, (χ_j, ω_j), ……, (χ_n, ω_n) 的有限集合，使得对于一切的 ϕ、ψ，当且仅当存在 ϕ_1、ϕ_2 及 $j \leq n$ 时，$\phi = \phi_1 \chi_j \phi_2$ 和 $\psi = \phi_1 \omega_j \phi_2$，那么，$\phi \to \psi$。

可见，语法包含着有限个数的规则 $\chi_j \to \omega_j$，这些规则充分地确定了该语法全部可能的生成方式。这样，用这有限数目的规则，就可以递归地生成语言中无限数目的句子（Chomsky 1959: 137—167）。

例如，在英语中，有如下的语法：

G=(V_N, V_T, S, P)
V_N={NP, VP, T, N, V}
V_T={the, man, boy, ball, saw, hit, took ...}
S=S
P:

    S → NP⌢VP　　　　　　　　（ⅰ）
    NP → T⌢N　　　　　　　　　（ⅱ）
    VP → V⌢NP　　　　　　　　（ⅲ）
    T → the　　　　　　　　　　（ⅳ）
    N → boy, ball, man ...　　　　（ⅴ）
    V → hit, saw, took ...　　　　（ⅵ）

这里，起始符号 S 表示句子，NP 表示名词短语，VP 表示动词短语（注意不要跟表示字母表的那个符号 V 相混）。

利用这些重写规则，可以从起始符号 S 开始，生成英语的成立句子"the boy hit the ball""the man saw the ball""the man took the ball""the man hit the ball"等等。

"the boy hit the ball"的生成过程可写成如下形式，后面注明所用重写规则的号码：

```
S
NP^VP                           (i)
T^N^VP                          (ii)
T^N^V^NP                        (iii)
the^N^V^NP                      (iv)
the^boy^V^NP                    (v)
the^boy^hit^NP                  (vi)
the^boy^hit^T^N                 (ii)
the^boy^hit^the^N               (iv)
the^boy^hit^the^ball            (v)
```

这样写出来的生成过程，叫作推导史（derivational history）。

当然，由于这里写出的语法只是英语语法的一个小片段，因而用这样的语法生成的语言，也只是英语的一小部分。

语法也可用于生成符号语言（symbolic language）。

例如，可提出如下的语法：

$G=(V_N, V_T, S, P)$

$V_N=\{S\}$

$V_T=\{a, b, c\}$

S=S

P:

S → aca	(i)
S → bcb	(ii)
S → aSa	(iii)
S → bSb	(iv)

利用这个语法，可以生成所谓"有中心元素的镜象结构语言"，这种语言的句子由三部分构成：第一部分是若干个 a 和若干个 b 相毗连；第二部分是单个的符号 c；第三部分是在 c 后与

第一部分成镜象关系的若干个 a 和若干个 b 的毗连，如 abcba, bbacabb, ababacababa……。这种结构，叫作"镜象结构"。如果用 α 表示集合 {a, b} 上的任意非空语符串，用 α* 表示 α 的镜象，则这种语言可表示为：α c α*。

如果我们要生成语符串 abbaacaabba，那么，从 S 开始的推导史如下：

    S
    aSa   （ⅲ）
    abSba   （ⅳ）
    abbSbba   （ⅳ）
    abbaSabba   （ⅲ）
    abbaacaabba   （ⅰ）

显然，由这个语法生成的语言的语符串，其数目是无限的。

下面，我们来给语法 G 所生成的语言 L(G) 下一个形式化的定义。为此，要引入表示 V^* 上的语符串之间关系的符号 $\underset{G}{\Rightarrow}$ 及 $\underset{G}{\overset{*}{\Rightarrow}}$。先对这两个符号的含义做一说明。

如果 α → β 是 P 的重写规则，ϕ_1 和 ϕ_2 是 V* 上的任意语符串，应用重写规则 α → β 于语符串 $\phi_1 α \phi_2$，得到语符串 $\phi_1 β \phi_2$。那么，可写为 $\phi_1 α \phi_2 \underset{G}{\Rightarrow} \phi_1 β \phi_2$，读为：在语法 G 中，$\phi_1 α \phi_2$ 直接推导出 $\phi_1 β \phi_2$。就是说，当应用某个单独的重写规则从第一个语符串得到第二个语符串的时候，$\underset{G}{\Rightarrow}$ 表示这两个语符串之间的直接推导关系。

假定 $α_1 α_2, ……, α_m$ 是 V* 上的语符串，并且 $α_1 \underset{G}{\Rightarrow} α_2$，$α_2 \underset{G}{\Rightarrow} α_3$，……，$α_{m-1} \underset{G}{\overset{*}{\Rightarrow}} α_m$，那么，这种关系可以写为 $α_1 \underset{G}{\overset{*}{\Rightarrow}}$

α_m,读为:在语法 G 中,α_1 推导出 α_m。由此可见,$\underset{G}{\overset{*}{\Rightarrow}}$ 表示 α_1 和 α_m 这两个语符串之间的推导关系。换句话说,如果应用 P 中的若干个重写规则由 α 得到 β,那么,对于两个语符串 α 与 β,就有 $\alpha \underset{G}{\overset{*}{\Rightarrow}} \beta$。

这样,由语法 G 生成的语言 L(G) 的形式化定义为:

$$L(G)=(W \mid W 在 V_T^* 中,并且 S \underset{G}{\overset{*}{\Rightarrow}} W)。$$

这个定义的含义是:对于一切语符串 W 的集合,W 在 V_T^* 中,并且有 $S \underset{G}{\overset{*}{\Rightarrow}} W$,那么,语符串 W 的集合就是由语法 G 生成的语言 L(G)。

由此可见,一个语符串处于 L(G) 中要满足两个条件:

条件1:该语符串只包括终极符号;

条件2:该语符串能从起始符号 S 推导出来。

同一语言可由不同的语法来生成,如果 $L(G_1)=L(G_2)$,则语法 G_1 等价于语法 G_2。

前面所定义的语法 $G = (V_N, T_T, S, P)$,其重写规则为 $\phi \rightarrow \psi$,并且要求 $\phi \neq \phi$。

这样定义的语法,其生成能力太强了。为此,乔姆斯基给这样的语法加上了程度各不相同的一些限制,从而得到了生成能力各不相同的几类语法:

限制1:如果 $\phi \rightarrow \psi$,那么,存在 A,ϕ_1,ϕ_2,ω,使得 $\phi=\phi_1 A \phi_2$,$\psi=\phi_1 \omega \phi_2$。

限制2:如果 $\phi \rightarrow \psi$,那么,存在 A,ϕ_1,ϕ_2,ω,使得 $\phi=\phi_1 A \phi_2$,$\psi=\phi_1 \omega \phi_2$,并且 $A \rightarrow \omega$。

限制3:如果 $\phi \rightarrow \psi$,那么,存在 A,ϕ_1,ϕ_2,ω,使得

$\phi=\phi_1A\phi_2$，$\psi=\phi_1\omega\phi_2$，$A\to\omega$，并且 $\omega=aQ$ 或 $\omega=a$，因而，$A\to aQ$ 或 $A\to a$。

限制 1 要求语法的重写规则全都具有形式 $\phi_1A\phi_2\to\phi_1\omega\phi_2$，这样的重写规则在上下文 ϕ_1—ϕ_2 中给出 $A\to\omega$。显然，在这种情况下，ψ 这个语符串的长度（即 ψ 中的符号数）至少等于或者大于 ϕ 这个语符串的长度（即 ϕ 中的符号数），如果用 $|\psi|$ 和 $|\phi|$ 分别表示语符串 ψ 和 ϕ 的长度，则有 $|\psi|\geq|\phi|$。由于在重写规则 $\phi_1A\phi_2\to\phi_1\omega\phi_2$ 中，每当 A 出现于上下文 ϕ_1—ϕ_2 中的时候，可以用 ω 来替换 A，因此，把加上了限制 1 的语法叫作上下文有关语法（context-sensitive grammar）或 1 型语法（type 1 grammar）。

限制 2 要求语法的重写规则全都具有形式 $A\to\omega$，这时上下文 ϕ_1—ϕ_2 是空的，在运用重写规则时不依赖于单个的非终极符号 A 所出现的上下文环境。因此，把加上了限制 2 的语法叫作上下文无关语法（context-free grammar）或 2 型语法（type 2 grammar）。

限制 3 要求语法的重写规则全都具有形式 $A\to aQ$ 或 $A\to a$，其中，A 和 Q 是非终极符号，a 是终极符号。这种语法叫作有限状态语法（finite state grammar）或 3 型语法（type 3 grammar），有时也叫作正则语法（regular grammar）。

没有上述限制的语法，叫作 0 型语法（type 0 grammar）。

显而易见，每一个有限状态语法都是上下文无关的；每一个上下文无关语法都是上下文有关的；每一个上下文有关语法都是 0 型的。乔姆斯基把由 0 型语法生成的语言叫作 0 型语言（type 0 language）；把由上下文有关语法、上下文无关语法和有限状态语法生成的语言分别叫作上下文有关语言（context-sensitive language）、上下文无关语言（context-free language）和有限状态语言（finite state language），也可以分别叫作 1 型语言（type 1 language）、2 型语言（type 2 language）和 3 型语言（type 3 language）。在《句法结构》中，又把“上下文无关语言”叫作“终极语言”（terminal language）。

由于从限制 1 到限制 3 的限制条件是逐渐增加的，因此，不论对于语法还是对于语言来说，都存在着如下的包含关系[①]：

0 型 ⊇ 1 型 ⊇ 2 型 ⊇ 3 型

如下图所示：

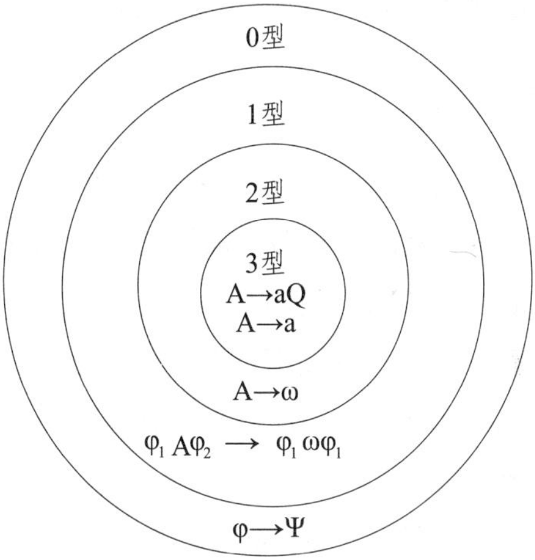

语法和语言的分类

上述四种类型的语法及其所生成的语言的卓越见解，是乔姆

① ⊇ 表示包含关系，A ⊇ B 表示 B 包含于 A 中，B 也可以等于 A。

斯基对于形式语言理论的最为重要的贡献,在计算机科学界,人们把它称为"乔姆斯基层级"(Chomsky hierarchy)。图示如下:

乔姆斯基层级

下面进一步对这四种类型的语法加以说明。

1. 有限状态语法

有限状态语法的重写规则为 A → aQ 或 A → a(A → a 只不过是 A → aQ 中,当 Q=ϕ 时的一种特殊情况)。如果把 A 和 Q 看成不同的状态,那么,由重写规则可知,当状态 A 转入状态 Q 时,可生成一个终极符号 a。这样,便可把有限状态语法想象为一种生成装置,这种装置每次能够生成一个终极符号,而每一个终极符号都与一个特定的状态相联系。

我们改用小写字母 q 来表示状态,如果这种生成装置原先处于状态 q_i,那么,生成一个终极符号后,就转到状态 q_j;在状态 q_j 再生成一个终极符号后,就转到状态 q_k,等等。这种情况,可用"状态图"(state diagram)来表示。

例如,如果这种生成装置原先处于某一状态 q_0,生成一个终极符号 a 后，转入状态 q_1，那么，其状态图为下图所示。

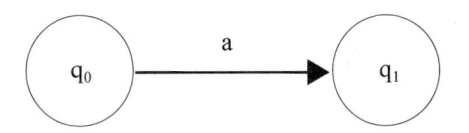

生成语言 a 的状态图

这个状态图生成的语言是 a。

如果这种生成装置原先处于状态 q_0，生成终极符号 a 后，转入状态 q_1，在状态 q_1 再生成终极符号 b 后，转入状态 q_2，那么，其状态图为下图所示：

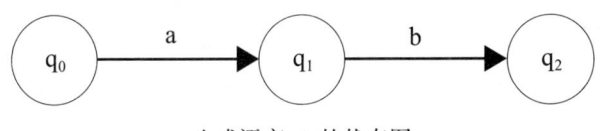

生成语言 ab 的状态图

这个状态图生成的语言是 ab。

如果这种生成装置处于状态 q_0，生成终极符号 a 后，又回到 q_0，那么，其状态图为下图所示：

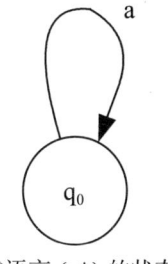

生成语言 {a*} 的状态图

这种状态图形成一个"封闭环"（closed loop），它生成的语言是 a，aa，aaa，aaaa，等等，可简写为 $\{a^n\}$，其中，$n \geq 0$。

如果这种生成装置处于状态 q_0，生成终极符号 a 后转入状态 q_1，在状态 q_1，或者生成终极符号 b 后再回到 q_1，或者生成终极符号 c 后转入状态 q_2，在状态 q_2，或者生成终极符号 b 再回到状态 q_2，或者生成终极符号 a 后转入状态 q_3，那么，其状态图为下图所示：

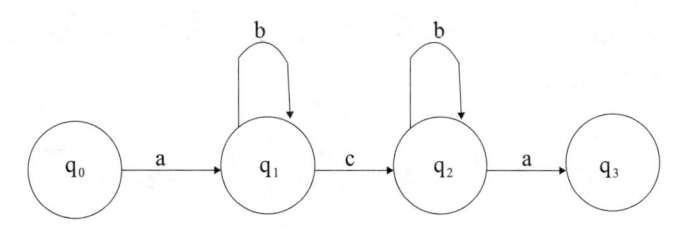

生成语言 $\{ab^ncb^ma\}$ 的状态图

这个状态图生成的语言是 aca，abca，abcba，abbcba，abcbba……，可简写为 $\{ab^ncb^ma\}$，其中，$n \geq 0$，$m \geq 0$。这种生成装置在生成了若干个终极符号之后，还可转回到前面的状态，构成一个大的封闭环。例如下面图中的状态图：

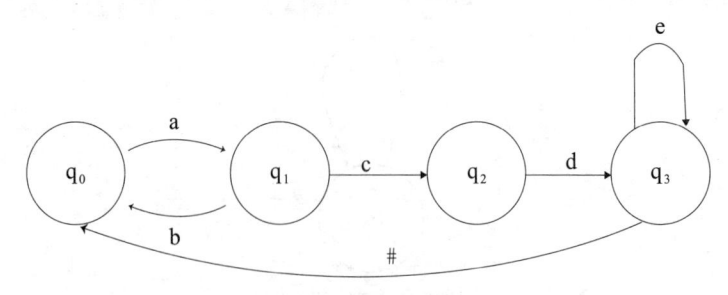

含有大封闭环的状态图

这个状态图可以生成如 acde, abacdee 等终极语符串，状态图中的"#"表示空符号。由于使用了空符号"#"，进入状态 q_3 之后，还可以返回到起始状态 q_0，继续生成新的语符串，例如，在生成了语符串 abacd 之后，还可以返回起始状态 q_0，继续生成语符串 acdeee，这样最终就可以生成语符串 ababacdeee，这时，q_0 既是起始状态，又是最后状态。

这个状态图生成的语言，可简写为 $\{a(ba)^n cde^m\}$，其中，$n \geq 0$，$m \geq 0$。

可见，给出一个状态图，就可以按着图中的路，始终顺着箭头所指的方向来生成语言。当达到图中的某一状态时，可以沿着从这一状态引出的任何一条路前进，不管这条路在前面的生成过程中是否已经走过；在从一个状态到另一个状态时，可以容许若干种走法；状态图中还可以容许出现任意有限长度的、任意有限数目的封闭环。这样的生成机制，在数学上叫作"有限状态马尔可夫过程"(finite state Markov process)。

状态图是有限状态语法的形象表示法，因此，根据状态图就可以轻而易举地写出其相应的有限状态语法。

例如，与上图中的状态图相应的有限状态语法如下：

$G = (V_N, V_T, S, P)$

$V_N = \{q_0, q_1, q_2, q_3\}$

$V_T = \{a, b, c, d, e, \#\}$

$S = q_0$

P:

$q_0 \rightarrow aq_1$

$q_1 \rightarrow bq_0$

$q_1 \rightarrow cq_2$

$q_2 \rightarrow dq_3$

$q_3 \rightarrow eq_3$

$q_3 \rightarrow \#q_0$

在这个语法中，q_0，q_1，q_2，q_3 表示状态，它们都是非终极符号，不难看出，P 中的各个重写规则都符合于有限状态语法重写规则的形式。

然而，由于有限状态语法的重写规则限制较严，它存在着不少的缺陷。

第一，有一些由非常简单的语符串构成的形式语言，不能由有限状态语法生成。乔姆斯基在《句法结构》中举出了如下三种形式语言：

① ab，aabb，aaabbb……，它的全部句子都是由若干个 a 后面跟着同样数目的 b 组成的，这种形式语言可表示为 $L_1=\{a^n b^n\}$，其中，$n \geq 1$。

② aa，bb，abba，baab，aaaa，bbbb，aabbaa，abbbba……，这种形式语言是没有中心元素的镜象结构语言。如果用 α 表示集合 {a，b} 上的任意非空语符串，用 $α^*$ 表示 α 的镜象，那么，这种语言可表示为 $L_2=\{α α^*\}$。

③ aa，bb，abab，aaaa，bbbb，aabaab，abbabb……，它的全部句子是由若干个 a 或若干个 b 构成的语符串，后面跟着而且只跟着完全相同的语符串而组成的，如果用 α 表示集合 {a，b} 上的任意非空语符串，那么，这种语言可表示为 $L_3 = \{α α\}$。

乔姆斯基指出，L_1、L_2、L_3 都不能由有限状态语法生成，可见，这种语法的生成能力是不强的。

那么，怎样来证明一种语言不是有限状态语言呢？我们可以采用抽吸引理（pumping lemma）来证明。

让我们来研究一种语符串长度为 N+1 的语言 L 和与它相应的状态图。这个状态图从状态 q_0 开始；在读了一个符号之后，进入状态 q_1；读了 N+1 个符号之后，进入状态 q_n；长度为 N+1 的语符串将通过 N+1 个状态，就能从状态 q_0 到状态 q_n。这意味着，在接收的路径上，至少有两个状态必须是相同的（把它们叫作 q_i 和 q_j）。因此，在从开始状态 q_0 到最后状态 q_n 的路径上，必定存在着封闭环。

下图说明了这种情况。设 x 是状态图从开始状态 q_0 到封闭环起点 q_i 读的语符串，y 是状态图通过封闭环时读的语符串，z 是从封闭环终点 q_j 到最后的接收状态 q_n 读的语符串。

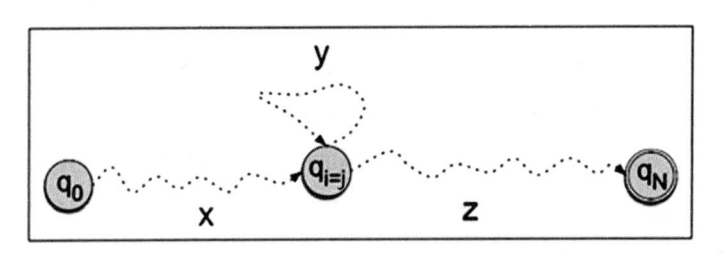

接收语符串 xyz 的状态图

状态图接收由这三个符号 x, y, z 构成的毗连语符串。但是，如果状态图接收了 xyz，那么，它一定也接收 xz！这是因为状态图在处理 xz 时，可以跳过封闭环，中间的符号 y 就像被抽水机抽了一样。另外，状态图也可以在封闭环上打任意次数的圈儿，这样，它也可以接收 xyyz, xyyyz, xyyyyz 等语符串；在状态图打圈的时候，y 一个一个地被放出来。因此，当 n ≥ 0 时，状态图可

以接收形式为 xy^nz 的任何语符串，中间的符号 y 就像抽水机中的水，一会儿被抽吸进去，一会儿被推放出来（Bar-Hillel et al. 1961: 143—172）。

由此得到如下的抽吸引理：

设 L 是一个有限状态语言，那么，必定存在着语符串 x、y 和 z，使得对于 $n \geq 0$，有 $y \neq \phi$（空符号），并且 $xy^nz \in L$。

抽吸引理告诉我们，如果一种语言是有限状态语言，那么，就可以找到一个语符串 y，这个 y 可以被抽吸。

前面说过，语言 $\{a^nb^n\}$ 不能由有限状态语法生成；现在，我们用抽吸引理来证明语言 $\{a^nb^n\}$ 不是有限状态语言。

为此必须证明，我们取的任何语符串 s 都不可能被分成 x、y 和 z 三个部分，使得 y 能够被抽吸。随意给一个由 $\{a^nb^n\}$ 构成的语符串 s，我们可以用三种办法来分割 s，并且证明，不论用哪一种办法，都不可能找到某个 y 能够被抽吸。

（i）y 只由若干个 a 构成，这意味着，x 全都是 a 组成的，z 全都是 b 组成的，而 z 的前面可能有若干个 a。这时，如果 y 全都是 a，那么，xy^nz 中 a 一定比 xyz 中的 a 多；而这就意味着语符串 s 中 a 的数目将比 b 的数目大，因而它不能成为 $\{a^nb^n\}$ 的成员！

（ii）y 只由若干个 b 构成。这种情况与 1 相似。如果 y 全都是 b，这就意味着 xy^nz 中 b 的数目一定比 xyz 中 b 的数目多，由于语符串 s 中 b 的数目比 a 的数目多，它也不能成为 $\{a^nb^n\}$ 的成员！

（iii）y 由若干个 a 和若干个 b 构成，这意味着 x 只包含 a，而 y 既包含 a 也包含 b，这时，xy^nz 的语符串中就会有一些语符串是 b 在 a 之前，而这样的语符串不能成为 $\{a^nb^n\}$ 的成员！

由此可见，在语言 $\{a^n b^n\}$ 中没有语符串能够被分割为 x、y、z，使得 y 能够被抽吸，不能满足抽吸引理的要求，所以，$\{a^n b^n\}$ 不是有限状态语言，而是上下文无关语言，它不能用有限状态语法来生成。

第二，在英语中存在着如下形式的句子：

① **If** S_1, **then** S_2.

② **Either** S_3, **or** S_4.

③ The **man** who said S_5, **is** arriving today.

在这些句子中，if——then，either——or，man——is 存在着相依关系，这种句子，与乔姆斯基指出的、具有镜象特性的形式语言 L_2 很相似，也是不能用有限状态语法生成的。

第三，有限状态语法不适于描写自然语言。

例如，可以提出这样的有限状态语法来生成英语句子"I shave myself"（我给我自己刮胡子）。其状态图如下：

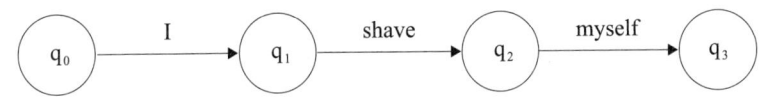

$q_0 \xrightarrow{I} q_1 \xrightarrow{shave} q_2 \xrightarrow{myself} q_3$

生成"I shave myself"的状态图

如果除了"I shave myself"之外，还要生成句子"you shave yourself"（你给你自己刮胡子），则可提出这样的状态图：

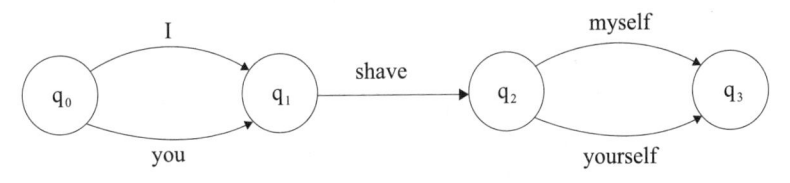

彼此串通的状态图

但是，这个状态图也可生成"I shave yourself"这样的不合语法句。为了防止生成这种不合语法句，必须把状态图分成两路，使得它们不能彼此串通，但这样一来，状态图就变得复杂了：

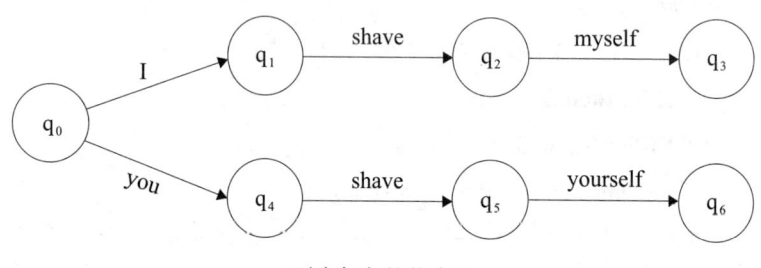

```
         I      shave      myself
    ┌──→ q₁ ──────→ q₂ ──────→ q₃
 q₀ │
    └──→ q₄ ──────→ q₅ ──────→ q₆
        you     shave     yourself
```

更为复杂的状态图

如果要把"in the morning"这样的短语加在前面的句子上，那么，又要在上面那个状态图中加上如下的状态图：

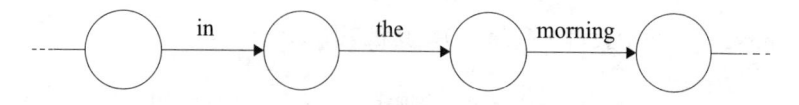

```
       in        the       morning
--○ ──────→ ○ ──────→ ○ ──────→ ○ --
```

新加上的状态图

这样一来，状态图就变得更为复杂了。

如果要生成英语中的一篇文章，一本书籍，那么，其状态图不知要有多么复杂！

由此可见，有限状态语法作为一种刻画自然语言的模型显得无能为力，自然语言不是有限状态语言。

第四，有限状态语法仅只能说明语言中各个符号的排列顺序，而不能说明语言的层次，因此，不能解释语言中的许多歧义现象（ambiguity）。如 old men and women 这个短语有两个意思：

一个意思是"一些年老的男人和一些女人"（男人都是年老的，而女人未必都是年老的）；一个意思是"一些年老的男人和一些年老的女人"（男人和女人都是年老的）。这种现象不能用有限状态语法来说明其线性排列顺序上有何差异，也不能通过线性排列顺序的差异来解释。可见，有限状态语法对语言现象的解释力不强。

2. 上下文无关语法

为了克服有限状态语法的上述缺陷，乔姆斯基提出了上下文无关语法。在《句法结构》中，上下文无关语法又叫作 [Σ，F] 语法或短语结构语法。

上下文无关语法的重写规则的形式是 A → ω。其中，A 是单个的非终极符号，ω 是异于 ε 的语符串，即，$|A| = 1 \leq |\omega|$。

应该注意的是，"上下文无关"这个名称指的是语法中重写规则的形式，而不是指不能利用上下文来限制它所生成的语言。

前面提到过的生成带中心元素的镜象结构语言的那个语法，其重写规则的左边都是单个的非终极符号 S，右边都是异于 ε 的语符串[①]，因而它是上下文无关语法。

上下文无关语法的推导过程，是由"推导树"（derivation tree）来描述的。乔姆斯基把"推导树"又叫作语法的"C-标志"（C-marker）。

"树"（tree）是图论中的一个概念。树由边（edge）和节点

---

① 这里用希腊字母 ε 来表示空符号。

（node）组成，它是由边连接着的节点组成的有限集合。如果一个边由节点 1 指向节点 2，那么，就说边离开节点 1 而进入节点 2。如下图所示：

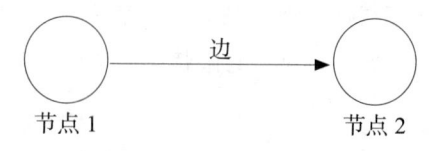

节点 1 →边→ 节点 2

树由边和节点组成

树要满足如下三个条件：

① 树中要有一个没有任何边进入的节点，这个节点叫作根（root）；

② 对于树中的每一个节点，都要有一系列的边与根连接着；

③ 除了根以外，树中的每一个节点都只能有一个边进入它，因此，树中没有封闭环。

如果有一个边离开给定的节点 m，而进入节点 n，那么，所有的节点 n 的集合就叫作节点 m 的"直接后裔"（direct descendant）。如果有一系列的节点 n_1，n_2，……，n_k，使得 $n_1 = m$，$n_k = n$，并且对于每一个 i 来说，n_{i+1} 是 n_i 的直接后裔，那么，节点 n 就叫作节点 m 的"后裔"（descendant）。并且规定，一个节点是它自身的后裔。

对于树中的每一个节点，可以把其直接后裔按顺序从左到右排列起来。

设 $G=(V_N, V_T, S, P)$ 是上下文无关语法，如果有某个树满足如下条件，它就是 G 的推导树：

① 每一个节点有一个标号,这个标号是 V 中的符号;

② 根的标号是 S;

③ 如果节点 n 至少有一个异于其本身的后裔,并有标号 A,那么,A 必定是 V_N 中的符号;

④ 如果节点 n_1, n_2, ……, n_k 是节点 n 的直接后裔,从左到右排列,其标号分别为 A_1, A_2, ……, A_k,那么,

$A \rightarrow A_1 A_2 \cdots A_K$

必是 P 中的重写规则。

例如,我们来考虑这样的语法:

$G = (V_N, V_T, S, P)$

$V_N = \{A, S\}$

$V_T = \{a, b\}$

S=S

P:

    $S \rightarrow aAS$

    $A \rightarrow SbA$

    $S \rightarrow a$

    $A \rightarrow ba$

这个语法的四个重写规则,左边都是单个的非终极符号 S 或者 A,右边都是异于 ε 的语符串,因而它是上下文无关语法。

现在我们画出这个语法的推导树。为了便于说明,我们用圆圈表示节点,把节点编上号码,把标号注在节点的旁边,边的方向都假定是直接向下的,不再用箭头标出。这个推导树如下图所示:

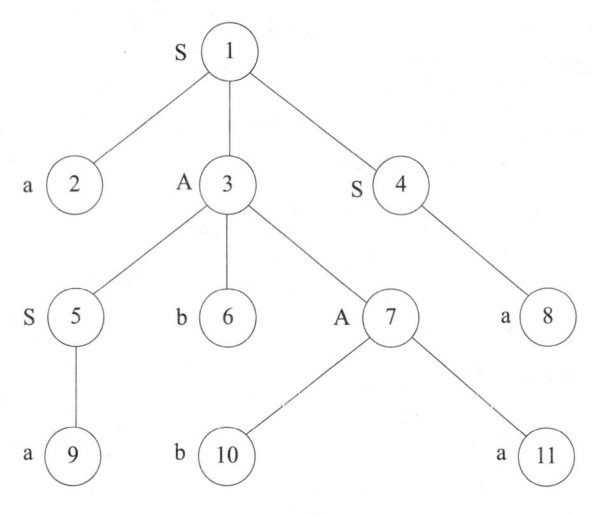

推导树

从这个推导树中可以看出，1、3、4、5、7等节点都有直接后裔。节点1的标号为S，其直接后裔的标号从左算起为a、A和S，因而 S → aAS 是重写规则。节点3的标号为A，其直接后裔的标号从左算起为S、b、A，因而 A → SbA 是重写规则。节点4和节点5的标号为S，它们每一个的直接后裔的标号为a，因而 S → a 是重写规则。节点7的标号为A，其直接后裔的标号从左算起为b和a，因而 A → ba 也是重写规则。由此可见，刚才画出的语法G的推导树，满足了推导树所要求的各个条件。

在任何树中，总有一些节点是没有后裔的，这样的节点叫作"叶"（leaf）。如果从左到右读推导树中各个叶的标号，就可以得到一个终极语符串，这个终极语符串叫作推导树的"结果"（result）。可以证明，如果 α 是上下文无关语法 G =（V_N, V_T,

S，P）的结果，则 $S \underset{G}{\overset{*}{\Rightarrow}} \alpha$。例如，在上述推导树中，各个叶从左到右的编号为 2、9、6、10、11 和 8，它们的标号分别是 a、a、b、b、a、a，则推导树的结果 α = aabbaa，因此，$S \underset{G}{\overset{*}{\Rightarrow}}$ aabbaa。

在实际使用中，常常将推导树的节点及其编号去掉，把推导树加以简化。例如，前面的推导树可简化为下图：

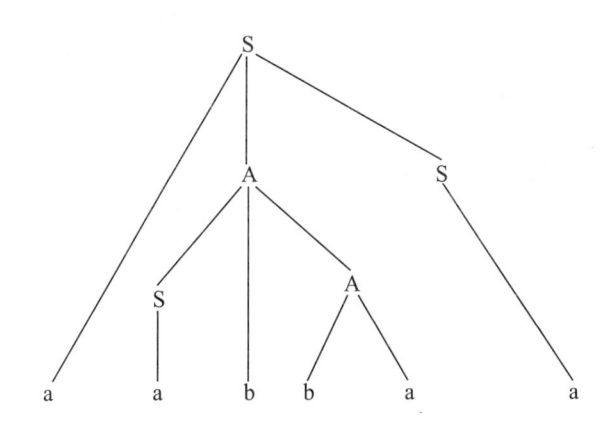

简化的推导树

也可以把这个过程写为：

$S \underset{G}{\Rightarrow} aAs \underset{G}{\Rightarrow} aSbAS \underset{G}{\Rightarrow} aabAS \underset{G}{\Rightarrow} aabbaS \underset{G}{\Rightarrow} aabbaa$

仍然用这个语法的重写规则，如果改换推导过程，还可以得到该语法生成的其他终极语符串。例如：

$S \underset{G}{\Rightarrow} aAs \underset{G}{\Rightarrow} abaS \underset{G}{\Rightarrow} abaa$

上下文无关语法克服了有限状态语法的缺陷，它具有如下的优点：

第一，上下文无关语法的生成能力比有限状态语法强。乔姆斯基指出的语言 $L_1=\{a^n b^n\}$ 及语言 $L_2 = \{\alpha \alpha *\}$，不能由有限状态语法生成,但可以用上下文无关语法来生成。现在我们就来生成语言 L_1 及 L_2。

提出上下文无关语法:

$G = (V_N, V_T, S, P)$

$V_N = \{S\}$

$V_T = \{a, b\}$

$S = S$

　　P:

　　　$S \rightarrow aSb$

　　　$S \rightarrow ab$

从 S 开始,用第一个重写规则(n-1)次,然后再用第二个重写规则 1 次,我们便可以得到:

$S \underset{G}{\Rightarrow} aSb \underset{G}{\Rightarrow} aaSbb \underset{G}{\Rightarrow} aaaSbbb \underset{G}{\Rightarrow} \cdots\cdots \underset{G}{\Rightarrow} a^{n-1}Sb^{n-1} \underset{G}{\Rightarrow} a^n b^n$

可见,这样的语法能够生成语言 $L_1 = \{a^n b^n\}$。

我们又提出上下文无关语法:

$G = (V_N, V_T, S, P)$

$V_N = \{S\}$

$V_T = \{a, b\}$

$S = S$

　　P:

　　　$S \rightarrow aa$

　　　$S \rightarrow bb$

　　　$S \rightarrow aSa$

　　　$S \rightarrow bSb$

这样的语法可生成语言 $L_2 = \{\alpha \alpha^*\}$。例如,如果要生成语言 $\{\alpha \alpha^*\}$ 中的语符串 babbbbab,其推导过程如下:

$$S \underset{G}{\Rightarrow} bSb \underset{G}{\Rightarrow} baSab \underset{G}{\Rightarrow} babSbab \underset{G}{\Rightarrow} babbbbab$$

可是，用上下文无关语法不能生成语言 $L_3 = \{\alpha\ \alpha\}$，它的生成能力也是有一定限度的。

第二，为了用上下文无关语法来描写自然语言，乔姆斯基提出了"乔姆斯基范式"（Chomsky normal form）。他证明了，任何上下文无关语言，均可由重写规则为 $A \rightarrow BC$ 或 $A \rightarrow a$ 的语法生成，其中，$A, B, C \in V_N, a \in V_T$。

利用这样的乔姆斯基范式，可把任何上下文无关语法的推导树简化为二元形式，也就是把它变成二叉的推导树。

例如，生成上下文无关语言 $\{a^n cb^{2n}\}$ 的语法的重写规则为：

$S \rightarrow aCbb$

$C \rightarrow aCbb$

$C \rightarrow c$

如果生成语符串 aacbbbb，其推导树如下图所示：

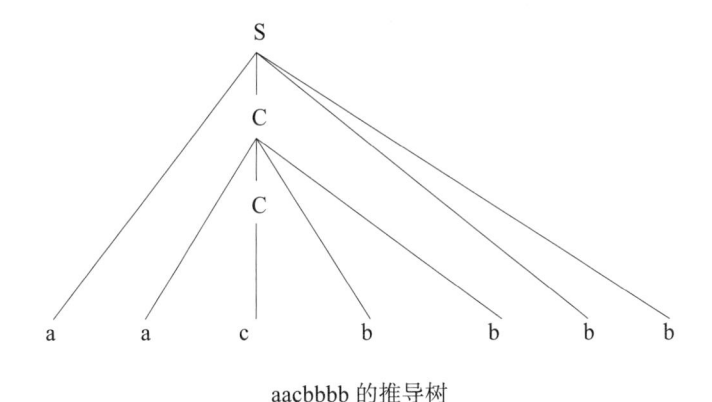

```
                S
                |
                C
                |
                C
```
a   a   c   b   b   b   b

aacbbbb 的推导树

现在把这个语法的三个重写规则改写为乔姆斯基范式。

在这三个重写规则中，C→c 是符合乔姆斯基范式要求的，不必再变换。我们先把 S→aCbb 及 C→aCbb 的右边换为非终极符号，用 S→ACBB 及 A→a，B→b 替换 S→aCbb，用 C→ACBB 及 A→a，B→b 替换 C→aCbb，然后，再把 S→ACBB，C→ACBB 的右边换成二元形式，用 S→DE，D→AC 及 E→BB 替换 S→ACBB，用 C→DE，D→AC 及 E→BB 替换 C→ACBB。这样，便得到了如下符合乔姆斯基范式要求的语法的重写规则：

S→DE
D→AC
E→BB
C→DE
A→a
B→b
C→c

用乔姆斯基范式，可将语符串 aacbbbb 的推导树简化为如下的二元形式的二叉树：

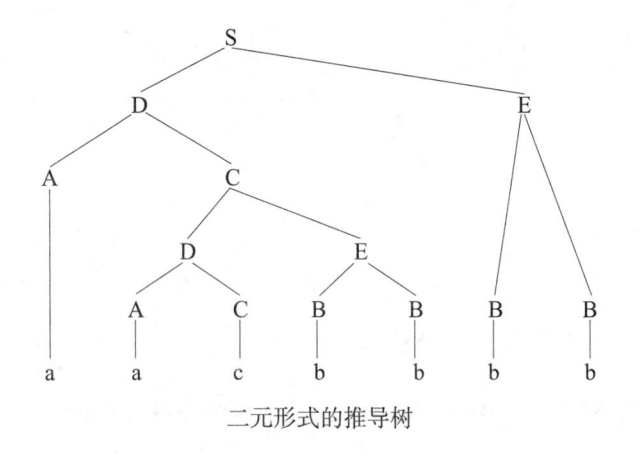

```
              S
             / \
            D   E
           /|   |\
          A C   B B
            /\  | |
           D  E b b
          /| /|
         A C B B
         | | | |
         a c b b
         |
         a
```

二元形式的推导树

在乔姆斯基范式中,重写规则及推导树都具有二元形式,这就为自然语言的形式描写提供了数学模型。

我们知道,自然语言中的句法结构一般都是二分的,因而一般都具有二元形式。美国结构主义语言学中提出的 IC(Immediate Constituent)分析法(直接成分分析法),其直接成分一般都是二分的。

由于乔姆斯基范式反映了自然语言结构的二分特性,因而通过该范式,可以使上下文无关语法在自然语言研究中得到广泛的应用。

例如,我们可以采用上下文无关语法的推导树,揭示语言结构的层次特性,从而区别某些有歧义的句子或短语。

前述的 old men and women 这个有歧义的名词短语,用有限状态语法是不能加以说明的,但用上下文无关语法就可以从层次的角度得到圆满的说明。

当其意思是"一些年老的男人和一些女人"时,其层次为:

| old | men | and | women |

歧义句子层次分析之一

其推导树为[①]:

---

① 图中,NP 表示名词短语,AP 表示形容词短语,CONJ 表示连接词。

```
                    NP
           ┌─────────┴─────────┐
          NP                   NP
      ┌────┴────┐          ┌───┴───┐
     AP        NP         CONJ    NP
      │         │           │      │
     old       men         and   women
```

歧义句子的推导树之一

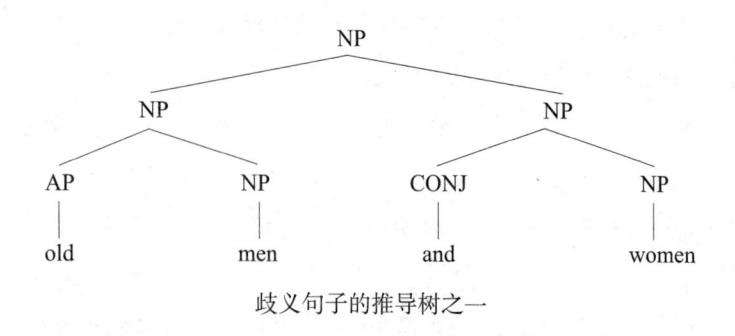

当其意思是"一些年老的男人和一些年老的女人"时,其层次为:

```
   old        men        and       women
  ─────    ───────────────────────────────
             ───────          ───────
                       ───────
```

歧义句子层次分析之二

其推导树为:

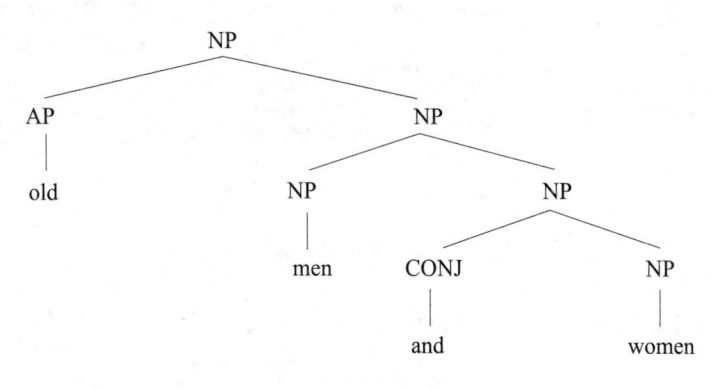

```
              NP
         ┌────┴────┐
        AP         NP
         │      ┌───┴────┐
        old    NP        NP
                │    ┌───┴───┐
               men  CONJ     NP
                      │       │
                     and    women
```

歧义句子的推导树之二

上下文无关语法采用这种二分的层次分析方法来揭示句子的内部结构规律。它说明，要判定两个语言片段是否同一，不仅要看组成这两个语言片段的词形是否相同，词序是否相同，而且还要看它们的层次构造是否相同。有限状态语法完全反映不了层次构造的情况。可见，上下文无关语法对语言现象的解释，比有限状态语法来得深入，它对语言现象的解释力，也比有限状态语法略胜一筹。

那么，上下文无关语法与有限状态语法之间存在什么样的关系呢？

乔姆斯基指出了如下的关系：

第一，每一个有限状态语法生成的语言都可由上下文无关语法生成。

在上下文无关语法的重写规则 $A \rightarrow \omega$ 中，当 ω 为 aQ 或 a 时，即得

$$A \rightarrow aQ$$

或者 $A \rightarrow a$

这就是有限状态语法的重写规则。

这说明，上下文无关语法包含了有限状态语法。

第二，如果在上下文无关语法中，存在着某一非终极符号 A，具有性质 $A \overset{*}{\underset{G}{\Rightarrow}} \phi A \psi$，这里 ϕ 和 ψ 都是非空语符串，那么，这个语法就是自嵌入的（self-embedding）。乔姆斯基证明，如果 G 是非自嵌入的上下文无关语法，那么，L(G) 就是有限状态语言。他又证明，如果 L(G) 是上下文无关语言，那么，只有在语法 G 是具有自嵌入性质的上下文无关语法时，L(G) 才不是有限状态

语言。

我们前面讨论过的 $\{a^n b^n\}$、$\{\alpha\,\alpha^*\}$、$\{\alpha\,c\,\alpha^*\}$、$\{a^n c b^{2n}\}$ 等上下文无关语言，不但在它们的语法的重写规则中，而且在用语法来生成语符串的过程中，都会出现 $A \underset{G}{\overset{*}{\Rightarrow}} \phi A \psi$ 这样的推导式，具有自嵌入性质。因此，这些语言都不可能是有限状态语言，而是具有自嵌入性质的上下文无关语言。可见，确实存在着不是有限状态语言的上下文无关语言。由于上下文无关语言又叫作终极语言，因此，乔姆斯基在《句法结构》中指出，每一种有限状态语言都是终极语言，但是，有的终极语言不是有限状态语言。

3. 上下文有关语法

上下文有关语法中的重写规则 P 的形式为 $\phi \to \psi$，ϕ 和 ψ 都是语符串，并且要求 $|\psi| \geq |\phi|$，也就是 ψ 的长度不小于 ϕ 的长度。

现有一种语言 $L=\{a^n b^n c^n\}$，它是 n 个 a、n 个 b 和 n 个 c 相毗连而成的语符串（$n \geq 1$）。生成这种语言的语法 G 是：

  $G = (V_N,\ V_T,\ S,\ P)$
  $V_N = \{S,\ B,\ C\}$
  $V_T = \{a,\ b,\ c\}$
  $S = S$
  P：
    $S \to aSBC$ （ⅰ）
    $S \to aBC$ （ⅱ）
    $CB \to BC$ （ⅲ）
    $aB \to ab$ （ⅳ）
    $bB \to bb$ （ⅴ）

$bC \rightarrow bc$ (vi)

$cC \rightarrow cc$ (vii)

从 S 开始，用规则（i）n-1 次，得到

$$S \underset{G}{\overset{*}{\Rightarrow}} a^{n-1}S(BC)^{n-1}$$

然后用规则（ii）1 次，得到

$$S \underset{G}{\overset{*}{\Rightarrow}} a^n(BC)^n$$

规则（iii）可以把 $(BC)^n$ 变换为 B^nC^n。例如，如果 n = 3，有

$$aaaBCBCBC \underset{G}{\Rightarrow} aaaBBCCBC \underset{G}{\Rightarrow} aaaBBCBCC \underset{G}{\Rightarrow} aaaBBBCCC$$

这样，有

$$S \underset{G}{\overset{*}{\Rightarrow}} a^nB^nC^n$$

接着，用规则（iv）1 次，得到

$$S \underset{G}{\overset{*}{\Rightarrow}} a^nbB^{n-1}C^n$$

然后，用规则（v）n-1 次，得到

$$S \underset{G}{\overset{*}{\Rightarrow}} a^nb^nC^n$$

最后，用规则（vi）1 次及规则（vii）n-1 次，得到

$$S \underset{G}{\overset{*}{\Rightarrow}} a^nb^nc^n$$

在这个语法中，它的各个重写规则的右边的符号数大于或等于左边的符号数，满足条件 $|\psi| \geq |\phi|$，因此，这个语法是上下文有关语法。

例如，语符串"aaabbbccc"的生成过程如下：

语符串的变换	规则
S	
a<u>S</u>BC	(i)
aa<u>S</u>BCBC	(i)
aaa<u>BCBC</u>BC	(ii)

aaaB<u>BC</u>CBC	(iii)
aaaBBC<u>BC</u>C	(iii)
aaaBB<u>B</u>CCC	(iii)
aa<u>a</u>bBBCCC	(iv)
aaa<u>bb</u>BCCC	(v)
aaab<u>bb</u>CCC	(v)
aaabb<u>bc</u>CC	(vi)
aaabbb<u>cc</u>C	(vii)
aaabbb<u>cc</u>c	(vii)

这个上下文有关语法生成的语符串 aaabbbccc 的结构表示如下：

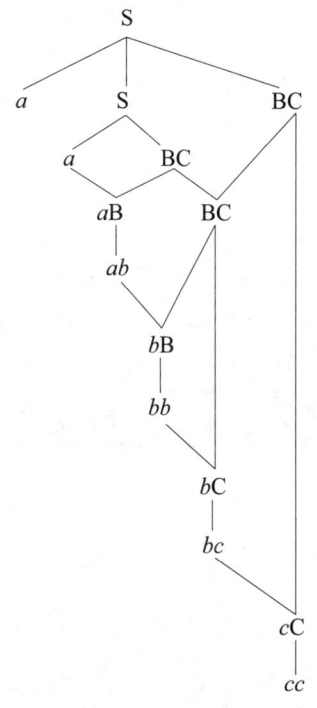

```
                    S
                  / | \
                 /  |  \
                a   S   BC
                   /|    |
                  a BC   |
                   /  \  |
                  aB  BC |
                  |    \ |
                  ab    \|
                         bB
                         |
                         bb
                         |
                         bC
                         |
                         bc
                         |
                         cC
                         |
                         cc
```

aaabbbccc 的图示

可以看出，这个图示不是树形图。其中 BCBC 中间的 CB 重写成 BC，BCBC 前面一个 B 作为 aB 中的后一成分，BCBC 后面一个 C 成为 cC 中的后一成分，这些成分的处理，都要使用上下文有关规则。

乔姆斯基指出，上下文有关语法与上下文无关语法之间存在着如下关系：

第一，每一个上下文无关语法都包含于上下文有关语法之中。

在上下文有关语法的重写规则 $\phi \rightarrow \psi$ 中，ϕ 和 ψ 都是语符串，当重写规则左边的语符串退化为一个单独的非终极符号 A 时，即有 $A \rightarrow \psi$，由于 ψ 是语符串，因而可用 ω 代替，即得 $A \rightarrow \omega$。这就是上下文无关语法的重写规则。

第二，存在着不是上下文无关语言的上下文有关语言。

例如，乔姆斯基指出的不能用有限状态语法来生成的语言 $L_3=\{\alpha \alpha\}$，也不能用上下文无关语法来生成。但是，它却可以用上下文有关语法来生成。生成这种语言的语法如下：

$G=(V_N, V_T, S, P)$

$V_N=\{S\}$

$V_T = \{a, b\}$

$S = S$

P：

  $S \rightarrow aS$ （i）

  $S \rightarrow bS$ （ii）

  $\alpha S \rightarrow \alpha \alpha$ （iii）

在规则（iii）中，α 是集合 $\{a, b\}$ 上的任意非空语符串，由于 αS 的长度不大于 $\alpha \alpha$ 的长度，并且 αS 不是单个的非终极符号而是语符串,所以,这个语法不可能是上下文无关语法,而是上下文有关语法。

例如,语言 abbabb 可以用如下的办法来生成:

从 S 开始,用规则(i)1 次,得到 S $\underset{G}{\Rightarrow}$ aS,用规则(ii)两次,得到 S $\underset{G}{\overset{*}{\Rightarrow}}$ abbS,用规则(iii)1 次,得到 S $\underset{G}{\overset{*}{\Rightarrow}}$ abbabb。

可见,上下文有关语法的生成能力,比有限状态语法和上下文无关语法都强。但是,由于上下文无关语法可以采用乔姆斯基范式这一有力的手段来实现层次分析,所以,在自然语言描写中,人们还是乐于采用上下文无关语法。在计算机科学中使用的线图分析法、Earley 算法(Earley algorithm)、左角分析法,都采用了上下文无关语法。

4.0 型语法

0 型语法的重写规则是 $\phi \rightarrow \psi$,除了要求 $\phi \neq \phi$ 之外,没有别的限制。

乔姆斯基证明,每一个 0 型语言都是语符串的递归可枚举集;并且证明,任何一个上下文有关语言同时又是 0 型语言,而且还存在着不是上下文有关语言的 0 型语言。因此,上下文有关语言应包含于 0 型语言之中,它是 0 型语言的子集合。

但是,由于 0 型语法的重写规则几乎没有什么限制,用于描写自然语言颇为困难,它的生成能力太强,会生成难以数计的不成立句子。所以,在乔姆斯基的四种类型的语法中,最适于描写自然语言的还是上下文无关语法。

1983 年,美国计算语言学家希布尔(S. Shieber)在《自然语言上下文无关性质的反证实例》(Shieber 1985: 333—343)一文中指出，在瑞士德语中存在着词序的交叉对应现象，也就是存在着如下图所示的语符串：

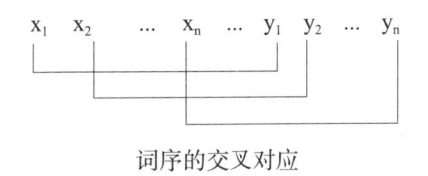

$$x_1 \quad x_2 \quad \ldots \quad x_n \quad \ldots \quad y_1 \quad y_2 \quad \ldots \quad y_n$$

词序的交叉对应

在这个语符串中，x_1 与 y_1 对应，x_2 与 y_2 对应……x_n 与 y_n 对应，上下文无关语法描述不了这样的语言现象。

希布尔指出，在瑞士德语中有这样的句子：

Jan säid das mer d'chind em Hans es huus lönd hälfed aastriiche
约翰 说   我们   小孩   汉斯   房屋   让   帮助   粉刷
（约翰说，我们让小孩帮助汉斯粉刷房屋）

其中，d'chind（小孩）与动词 lönd（让）相对应，Hans（汉斯）与动词 hälfed（帮助）相对应，huus（房屋）与动词 aastriiche（粉刷）相对应。瑞士德语中这样的语言现象是不能用上下文无关语法来描述的。这样看来，自然语言并不完全具有上下文无关语法的性质。

在汉语中，这样的非上下文无关的现象还不少。这里我们举两个例子：

（1）小李、小王和小张分别获得第一名、第二名和第三名。
（2）昆明、成都、长沙、长春、沈阳、哈尔滨、杭州分别是云南、四川、湖南、吉林、辽宁、黑龙江、浙江的省会。

在句子（1）中，"小李"与"第一名"对应，"小王"与"第二名"对应,"小张"与"第三名"对应,上下文无关语法不能描述这样的对应关系。

在句子(2)中,"昆明"与"云南"对应,"成都"与"四川"对应,"长沙"与"湖南"对应,"长春"与"吉林"对应,"沈阳"与"辽宁"对应,"哈尔滨"与"黑龙江"对应,"杭州"与"浙江"对应,上下文无关语法也不能描述这样的对应关系。

尽管自然语言的大部分现象可以使用上下文无关语法来描述,上下文无关语法是生成语法的基础部分;但是,从总体上看来,自然语言还不能算上下文无关的,自然语言的性质似乎介于上下文无关与上下文有关之间。乔姆斯基在《规则与表达》中指出,自然语言可能比上下文有关语言还要复杂,它是乔姆斯基层级上最复杂的 0 型语言,这是一种"递归可枚举语言"(recursive numerable language)(Chomsky 1980/2005)。

自然语言的这种性质反映了它的"计算复杂性"(computational complexity)(Barton et al. 1987)。关于自然语言的计算复杂性的讨论是语言学理论中一个重要而饶有趣味的问题,我们应当关注这个问题(冯志伟 2015: 659—672)。

乔姆斯基的形式语言理论,对于计算机科学有重大意义。乔姆斯基以及一些计算机科学的学者把乔姆斯基的四种类型的语法分别与图灵机、线性有界自动机、后进先出自动机及有限自动机等四种类型的自动机联系起来,并且证明了语法的生成能力和语言自动机的识别能力的等价性的四个重要结果,即:

① 若一语言 L 能为图灵机识别,则它就能由 0 型语法生成,反

之亦然；

② 若一语言 L 能为线性有界自动机识别，则它就能由 1 型（上下文有关）语法生成，反之亦然；

③ 若一语言 L 能为后进先出自动机识别，则它就能由 2 型（上下文无关）语法生成，反之亦然；

④ 若一语言 L 能为有限自动机识别，则它就能由 3 型（有限状态）语法生成，反之亦然。

乔姆斯基等学者的上述结论，提供了关于语言生成过程与语言识别过程的极为精辟的见解，这对计算机的程序语言设计、算法分析、编译技术、图像识别、自然语言处理、人工智能等，都是很有用处的，因而在计算机界产生了很大的影响。

后来，计算机科学家们发现，算法语言 ALGOL60 中使用的巴科斯-瑙尔范式（Bacus-Naur normal form）恰好与乔姆斯基的上下文无关语法等价，此后，不少学者都投入了上下文无关语法的研究，精益求精，成绩斐然。

在语言学界，上下文无关语法的研究也引起了很多学者的注意，不少机器翻译系统，就是采用上下文无关语法的基本理论来设计的，我国学者在多语言机器翻译系统中提出的多叉多标记树形图模型（Multiple-branched, Multiple-labelled Tree Model，简称 MMT 模型）就是建立在上下文无关语法的理论基础之上的（冯志伟 1983a：1—9）。

形式语言理论的成就，并没有使乔姆斯基踌躇满志。他是一个语言学家，他的学术兴趣毕竟还是在自然语言的研究方面；而形式语言理论在自然语言的研究中,并不像在计算机科学的研究中那么奏效。于是,乔姆斯基继续探索,试图找出一种适于描写自然语言的语言理论来。

乔姆斯基在《句法结构》中提出了评估程序。他认为,可以把语言理论理解为一个抽象机器(abstract machine),在输入口输入语料和语法 G1、G2,在输出口从 G1、G2 这两个语法中,选择一个最优的语法。

那么,如何进行语法的选择呢?他提出,选择最优语法的标准有两条:

第一条,语法的简易性;

第二条,语法的解释力。

如果一种语法很简易,解释力又很强,那么,这就是一种好的语法。

在乔姆斯基的形式语言理论中,语法被理解为语言的生成规则的集合。如果仅从这一意义上来理解语法,那么,这种语法也可以看成是一种狭义的语法。按照语法的简易性和解释力来比较乔姆斯基的四种类型语法,我们可以看出,在描写自然语言方面,上下文无关语法较为简易,解释力也比较强,因而它是一种较好的语法。

然而就是从简易性和解释力的标准来衡量上下文无关语法,这种语法虽然也差强人意,但仍然存在着美中不足之处。

有些歧义的句子,用上下文无关语法的层次分析方法不能加以辨别和解释。

例如,the shooting of the hunters 的层次分析如下:

the　　　shooting　　　of　　　the　　　hunters
_____　　　　　　_____
_____　　　　_____
　　　　　　　　　　　_____　_____

the shooting of the hunters 的层次分析

但是，相同的词形、相同的词序及相同的层次，却有两个不同的意思：

一个意思是"猎人射击"，hunters 是施事。比较：the growling of the lions（狮子怒吼）。一个意思是"射击猎人"，hunters 是受事。比较：the raising of the flowers（养花儿）。

在形式语言理论的范围内，仅用层次分析的方法，不能对这样的歧义现象做出解释。

因为 the shooting of the hunters，the growling of the lions，the raising of the flowers 这三个句子的树形图，除末端节点之外，都是完全一样的。如下图所示：

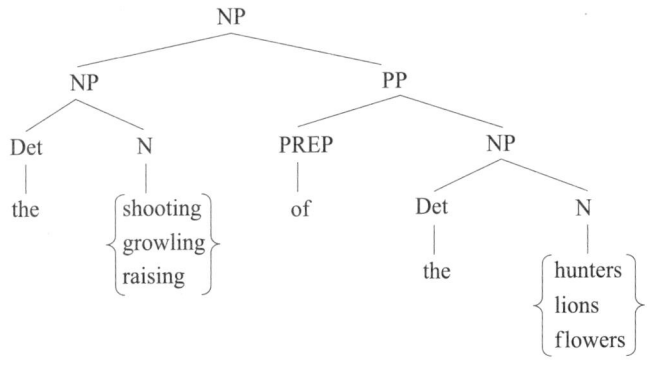

三个句子有同一个树形图

然而，如果我们了解到 the shooting of the hunters 是从 they shoot the hunters（他们向猎人开枪）变换来的，我们就可以肯定，它的意思是"射击猎人"，而不可能是"猎人射击"。

又如，Flying planes can be dangerous 这个句子，也是有歧义的：一个意思是"开飞机可能是危险的"，另一个意思是"飞着的飞机可能是危险的"。但不论是哪一个意思，其层次结构都是一样的，用上下文无关语法也不能加以解释。然而，如果了解到它是从 Planes which are flying can be dangerous 变换来的，就可以肯定它的意思是"飞着的飞机可能是危险的"。

层次分析反映的是一个句子的推导树的结构，它显示了一个句子的生成过程。因此，层次分析法这一方法，在实质上反映了形式语言理论中"生成"（generation）这一个基本概念，它不过是"生成"这一基本概念在方法上的体现。层次分析法无非就是加加标示，用用括弧，把句子切分成前后相续的成分，并且注明这些成分分别属于哪个范畴，然后再把这些成分切分成更小的范畴的成分等等。这样可以一直分到最终成分。因此，这样的分析法，显示不出对语义解释极为重要的各种语法关系。

层次分析法的不足之处，说明了不能再继续停留在"生成"这一概念上。为了提高语言理论的解释力，必须从"生成"过渡到"转换"。

第二，上下文无关语法还不够简易。

假使我们用上下文无关语法生成了终极语符串（即句子）

    The man opened the door

  （那人开了那门）

这个句子的意思也可以同样用

> The door was opened by the man
> （那门被那人打开了）

来表达。

此外，英语中还有像

> The man did not open the door
> （那人没有开那门）
> Did the man open the door?
> （那人开了那门吗？）
> Didn't the man open the door?
> （那人没有开那门吗？）
> The door was not opened by the man
> （那门没被那人打开）

等等这样一些句子。

如果采用上下文无关语法来生成这些句子，那么，势必要对每一个句子都建立一套生成规则。这样一来，语法就显得笨重不堪了。实际上这些句子是彼此相关的，如果我们以

> The man opened the door
> （那人开了那门）

为内核句，其他句子都可以由这个内核句通过不同的转换而得到。这样就有可能把语言理论进一步简化。

可见，以语言理论的简易性这一标准来衡量，也有必要从"生成"过渡到"转换"。

于是，乔姆斯基另辟蹊径，提出了"转换语法"（transformational grammar）。这里采用的"语法"这个术语，已经不仅仅是指"生成"，而且还有着"转换"的含义。

乔姆斯基关于转换语法的观点，既受到了法国哲学家笛卡儿（R. Descartes，1596—1650）及 17 世纪法国波尔·洛瓦雅尔语法学家们的影响，也受到了他的老师哈里斯的影响（Chomsky 1988）。

法国波尔·洛瓦雅尔教派的语法学家阿尔诺（A. Arnaud）和朗斯洛（C. Lancelot），曾经使用转换的方法来分析句子（阿尔诺、朗斯洛 2010）。例如，

> The invisible God has created the visible world
> （无形的上帝创造了有形的世界）

这个句子，是从

> God who is invisible has created the world which is visible

这个句子推出来的，而后面这个句子又可以从下列的内核句推出来：

> God has created the world
> （上帝创造了世界）
> God is invisible
> （上帝是无形的）
> The world is visible
> （世界是有形的）

乔姆斯基对波尔·洛瓦雅尔语法学家们的工作给以很高的评价，赞不绝口。

哈里斯早就看出了上下文无关语法的局限性，并提出了转换的初步概念。他认为，句子从其外部形式来看，是一个复杂的客体，它是由以某种方式结合起来的、一定数量的所谓"单纯形"（simplex）所组成的。这些单纯形的句子，叫作"内核句"（kernels）。内核句能用上下文无关语法生成或描写。但是，复杂

的句子则是应用一系列规则的产物，这一系列的规则称为"转换规则"（transformational rules）。例如，

>John read the good book which was lent to him by Bill
>（约翰读了比尔借给他的那本好书）

这个句子，可以有下列内核句：

>Bill lent a book to John
>（比尔借了一本书给约翰）
>
>The book is good
>（这本书很好）
>
>John read the book
>（约翰读了这本书）

运用转换规则，便能由这些内核句生成上面的复杂句。

乔姆斯基采用了哈里斯的观点，提出了转换语法。而且他走得比哈里斯远得多，他对"转换"这一概念提出了严格的形式化的定义：

上下文无关语法中的非终极语符串 $Y_1\cdots\cdots, Y_r$，对于两个自然数 $r, n(n \leq r)$，存在自然数序列 $\beta_0\beta_1\cdots\cdots, \beta_k$ 与辅助语符串的词典 $V_p(Z_1\cdots\cdots, Z_{k+1})$ 中的序列，使得

(i) $\beta_0=0, k \geq 0$，对于 $1 \leq j \leq k$，有

$$1 \leq \beta_1 \leq r;$$

(ii) 对于每一个非终极语符串 $Y_1\cdots\cdots, Y_r$，

$$t(Y_1\cdots\cdots, Y_n; Y_n\cdots\cdots, Y_r)=Y_{\beta 0}\widehat{\ }Z_1\widehat{\ }Y_{\beta 1}\widehat{\ }Z_2\widehat{\ }Y_{\beta 2}\widehat{\ }\cdots\cdots\widehat{\ }Y_{\beta k}\widehat{\ }Z_{K+1}。$$

这样一来，t 就把在上下文 $Y_1\widehat{\ }\cdots\cdots\widehat{\ }Y_{n-1}\widehat{\ }——\widehat{\ }Y_{n+1}\cdots\cdots\widehat{\ }Y_r$ 中的 Y_n，转换成某个语符串 $Y_{\beta 0}\widehat{\ }Z_1\widehat{\ }Y_{\beta 1}\widehat{\ }Z_2\widehat{\ }Y_{\beta 2}\widehat{\ }\cdots\cdots\widehat{\ }Y_{\beta k}\widehat{\ }Z_{K+1}$。

这时，t 叫作基本转换。

由基本转换 t 可推导出导出转换 t*。

t* 是基本转换 t 的导出转换，当且仅当对于一切的 $Y_1 \cdots\cdots$, Y_r, 有

$$t^*(Y_1\cdots\cdots, Y_r) = W_1 \frown \cdots\cdots \frown W_r,$$

其中，对于每一个 $n \leq r$，都有

$$W_n = t(Y_1\cdots\cdots, Y_n; Y_n\cdots\cdots, Y_r)。$$

这样，导出转换 t*，便把语符串 Y_1—Y_2—$\cdots\cdots$—Y_r 转换成一个新的语符串 W_1—W_2—$\cdots\cdots$—W_r。

基本转换 t 和导出转换 t*，构成了非终极语符串 Y_1—Y_2—$\cdots\cdots$—Y_r 到另一个新的非终极语符串 W_1—W_2—$\cdots\cdots$—W_r 的一个转换，这个转换，记为 T。

乔姆斯基认为，转换语法模型由下面的三个层级构成：

i. 直接成分层级：在这个层级，利用上下文无关语法和上下文有关语法中的重写规则，生成内核句的非终极语符串 $Y_1\cdots\cdots$, Y_r，重写规则如下：

$$\begin{cases} X_1 \to Y_1 \\ \cdots\cdots \\ X_r \to Y_r \end{cases}$$

ii. 转换层级：在这个层级，利用转换规则

$$\begin{cases} T_1 \\ \cdots\cdots \\ T_j \end{cases}$$

把内核句的非终极语符串 $Y_1\cdots\cdots$, Y_r，转换为另一个非终极语符串 $W_1\cdots\cdots$, W_r。

iii. 语素音位层级：在这个层级，把转换所得到的非终极语符串 $W_1\cdots\cdots, W_r$，按语言音位规则写为终极语符串 $w_1\cdots\cdots, w_r$。

$$\begin{cases} W_1 \to w_1 \\ \cdots\cdots \\ W_r \to w_r \end{cases}$$

这就是《句法结构》中所说的"三分组配"（tripartite arrangement）。

下面，作为例子，我们写出由内核句 The man opened the door 到句子 The door was opened by the man 的转换过程。

i. 直接成分层级：

在用上下文无关语法生成内核句的终极语符串 The man opened the door 的过程中，我们在某个阶段上得到了非终极语符串 NP^V^Past^NP，我们可以把这个非终极语符串改写为 NP^Past^V^NP，令 $NP=Y_1$, $past=Y_2$, $V=Y_3$, $NP=Y_4$，得到序列 $Y_1Y_2Y_3Y_4$。

ii. 转换层级：

① 基本转换 t：

$$t(Y_1; Y_1, Y_2, Y_3, Y_4) = Y_4$$
$$t(Y_1, Y_2; Y_2, Y_2, Y_4) = Y_2\text{^be^ed}$$
$$t(Y_1, Y_2, Y_3; Y_3, Y_4) = Y_3$$
$$t(Y_1, Y_2, Y_3, Y_4; Y_4) = \text{by}\text{^}Y_1$$

② 导出转换 t*：

$$t^*(Y_1, Y_2, Y_3, Y_4)$$
$$= W_1 - W_2 - W_3 - W_4$$
$$= Y_4 - Y_2\text{^be^ed-}Y_3\text{-by^}Y_1$$

= NP—Past⌒be⌒ed-V-by⌒NP

iii. 语素音位层级：

根据语素音位规则，用相应的词来替换 NP—Past⌒be⌒ed-V-by⌒NP，得到 The door was opened by the man。

利用转换语法，可以把语言中一些基本的句子作为内核句，由它们转换出该语言中的其他的数以万计的句子来；采用这种以简驭繁的方式，便把语言的描写大大地简化了。

转换语法能够解释上下文无关语法解释不了的一些歧义结构。我们前面说过的 the shooting of the hunters 这个句子，不论作"猎人射击"或"射击猎人"讲时，用上下文无关语法来分析，其树形图均是一样的。如采用转换语法，就能够分辨出当它作"猎人射击"讲时，是从 NP—Aux—V 这类句子转换成的，of 后面就是 NP，其树形图如下图所示：

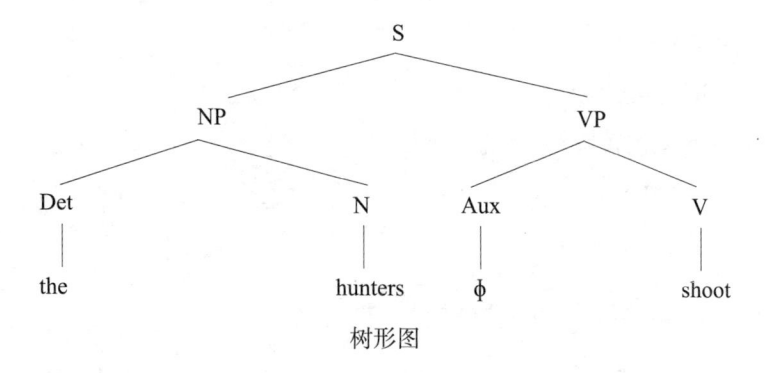

```
                S
              /   \
            NP     VP
           /  \   /  \
         Det   N Aux  V
          |    |  |   |
         the hunters φ shoot
```

树形图

当它作"射击猎人"讲时，是从 NP_1—Aux—V—NP_2 转换成的，of 后面是 NP_2，而不是 NP_1，其树形图如下图所示：

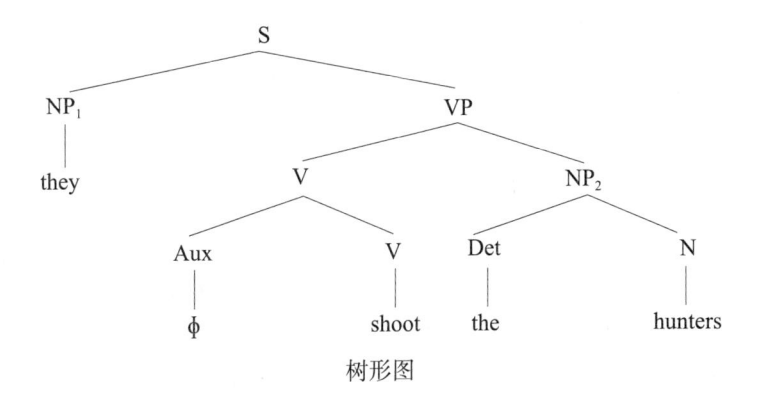

```
                    S
         ┌──────────┴──────────┐
        NP₁                    VP
         │           ┌──────────┴──────────┐
        they         V                    NP₂
                 ┌───┴───┐             ┌───┴───┐
                Aux      V            Det      N
                 │       │             │       │
                 φ     shoot          the    hunters
```
树形图

这两个不同结构的句子，由于转换时采用了转换规则 T_{ing}（即动词加 -ing 词尾的转换规则），转换之后才以相同的形式出现，因而产生歧义。

在运用转换规则时，具体的操作方式主要有以下几种：

i. 调位（movement）：其公式为

  XY → YX

例如，在英语中，主动句转换为被动句时，句首的主语 NP 要调到介词 by 之后。

ii. 复制（copying）：其公式为

  X → XX

例如，在英语中，由陈述句转换成附加疑问句时，主语 NP 常要复制。

  He is a good student

  ——He is a good student, isn't he?

附加疑问句末的 he 就是复制。

iii. 插入（insertion）：其公式为

$$X \rightarrow XY$$

例如，在英语中，主动句转换成被动句时，表示施事的 NP 移位之后，前面要插入介词 by。

iv. 消去（deletion）：公式为

$$XY \rightarrow X$$

例如，英语中从陈述句转换成命令句时，要消去主语。

从转换操作的公式中不难看出，转换公式已经超出了上下文无关语法重写规则 $A \rightarrow \omega$ 的限制。在调位和消去的公式中，公式的左边都不是单个的非终极符号，这样的公式显然已经不是上下文无关的规则了。

从上所述可以看出，62 年前出版的乔姆斯基的《句法结构》一书是有深厚的数学和逻辑基础的，这是自然语言形式分析的奠基力作。我这里根据乔姆斯基在写作《句法结构》一书前后发表的论文和著作，补充有关的内容，希望对于读者进一步理解本书有所帮助。

本书涉及语言学、数学、信息论、计算机科学、认知科学等多方面的跨学科知识，虽然我已经尽自己最大的努力来审订陈满华教授的中译本，并写出了这篇"审订后记"，但是我自己的学识有限，常有汲深绠短的感慨，如有不妥之处，恳请方家批评指正。

冯志伟

2019 年 12 月 28 日，于北京

参考文献

阿尔诺、朗斯洛，2010，《普遍唯理语法》，张学斌、柳利译，商务印书馆。

冯志伟，1979，形式语言理论，《计算机科学》，（1）：34—57。

冯志伟，1982，从形式语言理论到生成转换语法，《语言研究论丛》，（2）：96—155，天津人民出版社。

冯志伟，1983a，汉语句子的多叉多标记树形图分析法，《人工智能学报》，（2）：1—10。

冯志伟，1983b，生成语法的公理化方法，《哈尔滨生成语法讨论会论文集》，22—31。

冯志伟，2015，自然语言的计算复杂性，《外语教学与研究》，47（5）：659—672。

乔姆斯基，1982，乔姆斯基序，载《乔姆斯基语言理论介绍》，黑龙江大学出版社。

Bar-Hillel, Y., M. Perles & E. Samir. 1961. Formal properties of simple phrase structure grammars. *Zeitschrift für Phonetik, Sprachwissenschaft und Kommunikationsforschung*, 14: 143—172.

Barton, Jr., G. E., R. Berwick & E. Ristad. 1987. *Computational Complexity and Natural Language*. Cambridge, MA: MIT Press.

Chomsky, N. 1956. Three models for the description of language, *I. R. E. Transactions on Information Theory*, IT—2, pp. 113—124, Proceedings of the Symposium on Information Theory. 语言描写的三个模型，张和友译，中文译文载《现代语言学名著导读》（萧国政主编，冯志伟校订），北京大学出版社，2009 年。

Chomsky, N. 1959. On certain formal properties of grammars, *Information and Control*, 2: 2, pp. 113—116.

Chomsky, N. 1962. Context-free grammar and pushdown storage, *Quart. Prog. Dept.* No. 65, MIT Res. Lab. Elect. , pp. 187—194.

Chomsky, N. 1963. Formal properties of grammars, *Handbook of Math. Psych.*, vol. 2. New York: Wiley, pp. 323—418.

Chomsky, N. 1975. *The Logical Structure of Linguistic Theory*. New York: Plenum Press.

Chomsky, N. 1980/2005. *Rules and Representations*. New York: Columbia University Press.

Chomsky, N. 1988. *Cartesian Linguistics: A Chapter in the History of Rationalist Thought*. Cambridge: Cambridge University Press.

Shieber, S. 1985. Evidence Against the Context-Freeness of Natural Language, *Linguistic and Philosophy*, 8: 333—343.

图书在版编目（CIP）数据

句法结构：第2版 /（美）诺姆·乔姆斯基著；陈满华译. --北京：商务印书馆，2025. --（汉译世界学术名著丛书）. --ISBN 978-7-100-24749-8

Ⅰ. H314.3

中国国家版本馆CIP数据核字第2024Y2J860号

权利保留，侵权必究。

汉译世界学术名著丛书

句法结构

（第2版）

〔美〕诺姆·乔姆斯基 著

陈满华 译

冯志伟 审

商 务 印 书 馆 出 版
（北京王府井大街36号 邮政编码100710）
商 务 印 书 馆 发 行
北京市白帆印务有限公司印刷
ISBN 978-7-100-24749-8

| 2025年1月第1版 | 开本 850×1168 1/32 |
| 2025年1月北京第1次印刷 | 印张 7⅝ |

定价：42.00元